职业院校市场营销专业精品系列课程
2019 年度广西职业教育教学改革研究项目《商业模式 4.0 背景下现代商贸专业群共享课程体系构建的研究与实践》（立项编号：GXZZJG2019B200）及广西职业教育专业发展研究基地研究成果

现代商贸综合实训

何双庆　李　倩　主编
何　牧　贺素珍　林雅瑜　副主编

中国财富出版社有限公司

图书在版编目（CIP）数据

现代商贸综合实训／何双庆，李倩主编．—北京：中国财富出版社有限公司，2021.5
（职业院校市场营销专业精品系列课程）
ISBN 978－7－5047－7425－5

Ⅰ.①现… Ⅱ.①何… ②李… Ⅲ.①市场营销学—职业教育—教材
Ⅳ.①F713.50

中国版本图书馆 CIP 数据核字（2021）第 081623 号

策划编辑	李彩琴　谢晓绚	**责任编辑**	周　畅		
责任印制	尚立业	**责任校对**	卓闪闪	**责任发行**	杨　江

出版发行	中国财富出版社有限公司		
社　　址	北京市丰台区南四环西路 188 号 5 区 20 楼	**邮政编码**	100070
电　　话	010－52227588 转 2098（发行部）		010－52227588 转 321（总编室）
	010－52227588 转 100（读者服务部）		010－52227588 转 305（质检部）
网　　址	http：//www.cfpress.com.cn	**排　　版**	宝蕾元
经　　销	新华书店	**印　　刷**	宝蕾元仁浩（天津）印刷有限公司
书　　号	ISBN 978－7－5047－7425－5/F・3293		
开　　本	787mm×1092mm　1/16	**版　　次**	2021 年 7 月第 1 版
印　　张	14.75	**印　　次**	2021 年 7 月第 1 次印刷
字　　数	314 千字	**定　　价**	45.00 元

前　言

本教材是商贸类专业的核心技能训练教材，涵盖汽车营销、房地产营销、服饰营销、化妆品营销以及茶叶营销五个模块的相关知识，根据岗位能力训练要求划分为多个子任务，每个任务包含任务情境、任务分析、知识储备、任务描述、实训准备、任务评价等，并配套开发有实训指导书、习题集和部分教学视频。模块一汽车营销由贺素珍、李倩编写，模块二房地产营销由贺素珍、林雅瑜、唐丽君编写，模块三服饰营销由何双庆、何牧、黄波编写，模块四化妆品营销由林雅瑜、何双庆、张荟编写，模块五茶叶营销由何双庆、李倩、苏秀杰编写。全书由何双庆、李倩担任主编并定稿，何牧、贺素珍、林雅瑜为副主编并协助定稿。

本教材是为中职商贸类学生量身定制的，坚持以工作任务为导向进行课程开发，强调理论联系实际，贴合实际工作岗位，强调务实精神和动手能力训练，使学生真正掌握汽车营销、房地产营销、服饰营销、化妆品营销以及茶叶营销的相关知识并能将其运用到实践中去，为学生个人能力的提升打好基础。同时本书邀请了广西南宁越国商贸有限公司一起参与编著。

由于编者水平有限，书中不妥或错误之处在所难免，敬请同行、读者给予批评和指正。在此，编者预先表示感谢。

前 言

目　录

模块一　汽车营销

项目一　汽车整体构造

任务情境

小林应聘进入一家品牌汽车4S（整车销售、零配件、售后服务、信息反馈）店担任实习销售人员，面临为期3天的新员工培训，经理给他的第一个任务就是回去收集汽车的各种资料，所有新员工在培训结束后要进行汽车基础知识测验。

任务分析

能够掌握汽车的基本知识和销售车辆的技术要点。

知识储备

好的销售必须非常熟悉自己的产品，甚至要成为这一方面的专家。在介绍汽车时，客户经常会针对汽车性能提出一些问题，因此汽车销售人员必须较好地掌握汽车的基本知识和销售车辆的技术要点，才能很好地解答客户疑问。

一、汽车的整体构造

汽车一般由发动机、底盘、车身和电气设备四个基本部分组成（见图1－1）。

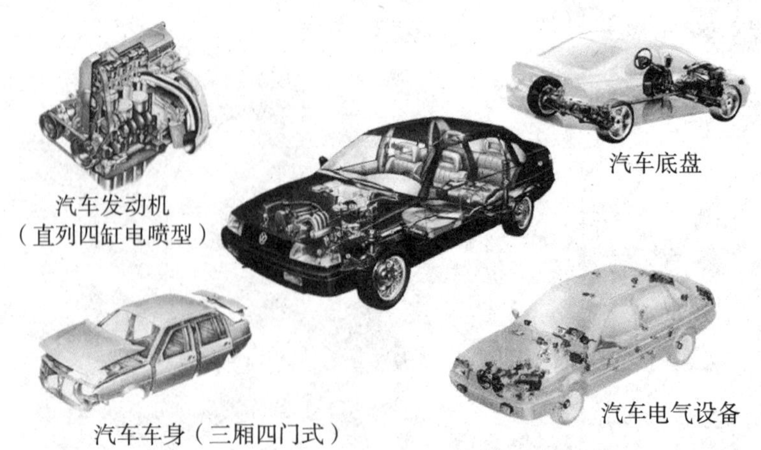

图1－1　汽车整体构造

（一）发动机

1. 发动机基本知识

汽车运动的动力源是发动机。常见的汽车动力源有汽油发动机、柴油发动机、LPG（液化石油气）发动机、混合动力发动机、动力电池。根据发动机的基本结构，其可以分为发动机本体（曲柄连杆机构、配气机构）、燃油供给系、空气供给系、润滑系、冷却系、点火系、起动系、电源系等。

发动机大致有以下功能：发动机做功使车轮旋转驱动汽车行驶，这是发动机的主要功能；发动机带动发电机发电并给全车和蓄电池供电，确保全车电气设备的正常运行；发动机带动空调压缩机运行，确保空调系统的正常运行；发动机带动转向助力泵运行，确保转向轻便；发动机帮助制动系统产生助力效果，确保制动安全。

2. 常用的发动机术语

汽车销售过程中销售人员经常会用到的发动机术语有四冲程发动机、多气门、汽缸排列方式、汽缸内径和冲程、发动机排量、双顶置凸轮轴、电子燃油喷射系统、涡轮增压、缸内直喷、功率和扭矩等。

（1）四冲程发动机。

发动机在工作时曲轴需要转两圈，要经历“进气”“压缩”“作功”“排气”四个过程才能完成一个工作循环，因此被称为四冲程循环发动机，这是现在轿车用发动机的主流。

（2）多气门。

控制将燃料和空气的混合气体送进燃烧室（汽缸）的为进气气门，控制燃烧后气体排放的为排气气门。目前的发动机为保证进气充分、排气彻底，多采用将进气气门和排气气门分开设置的方式。如一款发动机有四个汽缸，每个汽缸四个气门，则常称之为16V的发动机。

（3）汽缸排列方式。

发动机汽缸排列方式是销售人员经常提到的术语，常见的排列方式有三种，分别是直列式（单列式）、V型、对置式。不同的排列方式有不同特点，通常根据汽缸的个数决定采用什么样的排列方式。

将汽缸按直线排列即为直列式，可分为直列4汽缸、直列6汽缸等，这是最普通的排列方式，紧凑经济。

V型指将汽缸左右分开、排列成V字形。可呈60度角或90度角，称为V6、V8，多为高档车使用。和直列6汽缸相比，V6的发动机长度可缩小一半，提高空间利用率。由于缩短了回转部分，此类发动机在震动声音方面也表现出色。

V型发动机的角度呈180度角时就是水平对置式。将汽缸放平，可降低发动机高度，从而可以降低汽车重心。保时捷、斯巴鲁轿车就是采取这种汽缸排列方式。

（4）汽缸内径和冲程。

发动机汽缸的大小（容积）多用汽缸内径和冲程来计算。内径小于行程则为长冲程，内径大于行程则为短冲程。通常情况下，长冲程扭力较强，短冲程为高回转型，也可称为运动型。

（5）压缩比。

压缩比等于汽缸总容积与燃烧室容积的比值，表示汽缸内气体被压缩的程度。一般来讲，压缩比越高，爆发力越强，发动机越出力，扭力越强，但压缩比过高则有可能引发点火前的自燃，对发动机造成破坏。目前的汽油压缩比一般为 10 左右。

（6）发动机排量。

对于多个汽缸的发动机来讲，多缸发动机工作容积的总和就是发动机的排量。排量单位一般为升或毫升。一般情况下，发动机排量越大发动机的动力就越强。另外，在我国政府机构的购车中，发动机的排量也是一个限制因素。

（7）常见的发动机参数。

在新车销售过程中，销售人员一般会介绍发动机的参数，常见的参数如下。

3 升：指发动机的排量，在不足升时会出现用四舍五入的方法记数的情况。

V6：表示汽缸的配置，V6 表示以 V 字形排成 3 列共 6 个汽缸的配置。

DOHC：指发动机配气机构的形式是双顶置凸轮轴。

24 气门：指用于吸气、排气的气门共有 24 个，每个汽缸有 2 个进气气门和 2 个排气气门。

EFI：英文全称是“Electronic Fuel Injection”，指发动机的燃油系统是电子控制燃油喷射系统。

（8）发动机排放控制。

二氧化碳过量排放、臭氧层的破坏以及化油器式发动机引起的光化学污染等造成的环境破坏，已引起全世界对汽车尾气排放问题的重视。汽油发动机在使用过程中会排放有害物质，对环境产生危害。

为了减少这些污染物的排放，采用的控制方法有装碳罐、废气再循环、三元催化等。目前尾气净化多采用三元催化的方法，即通过尾气过滤装置去除尾气中的有害物质。

此外，为了减少发动机本身的废气排放量，稀薄燃烧、直喷式燃料喷射装置等技术革新正在进行。目前，已有汽车公司的部分车型的发动机采用了直喷式的发动机燃料系统。

为了控制尾气排放，各个国家和地区也制定了相应的排放标准。欧洲、北美、日本都有各自的尾气排放标准，其中日本的标准极为严格，我国的第Ⅲ、Ⅳ阶段排放标准的主要技术内容与欧Ⅲ、欧Ⅳ排放标准基本相同。

（二）底盘

汽车底盘一般包括传动系统、转向系统、悬架系统、制动系统等，是整个车辆的装配基础，也是汽车行驶和操控的基础。

1. 传动系统

传动系统负责将发动机动力传送到驱动车轮。主要由离合器、变速器、驱动桥等部件组成，传动系统与发动机匹配能较好地体现车辆的行驶性能。

（1）传动系统的布局方式。

根据发动机和驱动轮的位置，常见的传动系统布局方式有五种，分别是发动机放在前面，前轮为驱动轮，称为前置前驱（FF）；发动机放在前面，后轮为驱动轮，称为前置后驱（FR）；发动机放在前面，前后车轮均为驱动轮，称为四轮驱动（4WD）；发动机放在中间，后轮为驱动轮，称为中置后驱（MD）；发动机放在后面，后轮为驱动轮，称为后置后驱（RR）。

前置前驱的布局方式由于没有传动轴和后主减速器等部件，能减轻整个车体重量，并扩大驾驶室内的空间，所以，被目前的小型车辆广泛采用。

前置后驱的布局方式使直线行驶稳定性表现优越，汽车的平衡性出色，是基本的汽车传动系统布局方式，多为大型车辆、高档车辆所采用。但和前置前驱相比，使用此方式的汽车重量大，后排室内空间较小。

四轮驱动布局方式由于越野性能好，在越野车中非常普及。同时，由于其在高速公路上行驶稳定性良好，也被高性能的跑车和 SUV（运动型多用途汽车）广泛使用。但其结构较复杂，重量较大，油耗较高。

（2）变速器。

变速器有前进挡、倒挡、空挡，分别负责改变车辆的行驶速度、改变车辆的行驶方向、暂时中断发动机的动力传递。常见的变速器有手动变速器和自动变速器两大类。手动变速器一般有 5 ~ 6 个前进挡。

自动变速器又分为普通自动变速器（AT）、手自一体自动变速器（ECT）、无级变速自动变速器（CVT）、双离合器自动变速器（DSG）。自动变速器的前进挡为 D 挡，一般包含 4 个、6 个、7 个前进挡位，根据驾驶员的油门开度和车辆的速度自动切换挡位。

2. 转向系统

转向系统主要用来改变或保持汽车的行驶方向。目前，轿车常用的转向系统多为齿轮齿条式转向助力系统。

转向助力的类型有液压助力式和电动助力式两种。由于电动助力式转向更灵敏和轻便，目前高级轿车常采用电动助力式转向系统。

3. 悬架系统

悬架系统一般由 3 个部分的零件构成。

（1）弹簧。

弹簧可以吸收行车时来自路面的震动。一般汽车多使用螺旋弹簧。

（2）减震器。

减震器是尽可能减弱弹簧伸缩引起的震动的“减衰”装置或“减震”装置。现在的减震装置几乎都是弹簧与减震器一体的。

（3）挂臂。

它是连接车身和轮胎的“胳膊”。根据挂臂的形状、数目和连接方式，悬架系统可分为不同的种类。横向稳定杆是悬架的一个辅助零件，大多用于独立式悬架。它的作用是抑制左右轮胎动作不一致而引起的车体摇摆。

4. 制动系统

制动系统是汽车的重要主动安全系统。驾驶员根据汽车行驶状况，踩下制动踏板，以降低车辆的行驶速度，从而安全地使车辆减速或停止。汽车制动系统包括行车制动系统和驻车制动系统。目前轿车采用的是液压制动系统，大型汽车采用的是气压制动系统。

目前的汽车几乎都采用摩擦式的制动系统，常见的制动器有盘式制动器和鼓式制动器。盘式制动器是通过从左右两侧加紧与车轮相固定的制动盘来获得制动力。制动盘可以较快地散发掉摩擦产生的热量，为了进一步提高散热效率，制动盘的四周还设计了散热孔，即通风式制动盘。

鼓式制动器是通过从与车轮轴相连的旋转的圆鼓由内向外挤压制动片来获得制动力。由于同时具有与回转方向相同和方向相反的制动片，其制动力较强。但缺点是不易散热，而且有时候会进水。

轿车常采用的是前盘后鼓或前后都是盘式的布置。

（三）车身

车身是汽车的骨架，目前主流轿车多采用单壳体车身。早期的轿车多采用坚固的框架作为汽车的基本骨架，把操作踏板、发动机等全部固定在这一部分，然后在上面覆盖车身。现在的轿车多没有框架，而是把车体自身作为基本框架，称为整体式车身，虽然汽车企业的生产率因此有所下降，但是这样做可以减轻车身重量。以往的车身强度较低，但近年来随着车身的高强度化，尤其是激光焊接技术的成熟和安全车身的研发，车身的强度以及汽车的安全性能不断提高，所以轿车大量采用这种整体式车身。梯形框架是指用梯子状的框架作为车身的基本骨架，越野车和卡车多采用这种车身结构。

（四）电气设备

汽车上的电气设备有很多，电气设备对于提高车辆操作方便性起到了很大的作用。

1. 灯光

汽车的灯光包括前大灯（远光灯和近光灯）、前后雾灯、尾灯、转向灯、制动灯等设备。

2. 仪表盘

常用的仪表盘有中央仪表盘和荧光式仪表盘两种。

中央仪表盘可以减少行驶过程中驾驶员视线的移动。其位置在驾驶席的正前方，由中央仪表组设计而成。

荧光式仪表盘具有优异的视觉效果，仪表盘上的文字及指针均可发光，不仅色泽匀称便于观察，而且给人以空间感。其通过荧光管等发光显示工作状态，数据显示分普通指针与数码仪表盘两种，可供用户挑选。

3. 多功能液晶显示屏

汽车采用多功能液晶显示屏后，可以更方便地为驾驶员提供丰富的信息，包括卫星导航系统、倒车引导系统、娱乐系统、蓝牙系统、空调及音响调节系统等。

4. 其他电气设备

随着科技的发展，汽车上出现了更多的电气设备。比如智能进入系统、座椅位置记忆功能、按键式点火开关、车窗防夹功能等设备。这些设备既提高了车辆的档次，也给人们带来更多的方便和驾驶乐趣。

任务描述

（1）学生在教师的指导下分为 4 人一组。

（2）教师给每组提供若干汽车零部件的图片，要求学生正确辨别出该汽车零部件，并简单讲述该汽车零部件的作用，完成相应的实训任务书。

实训准备

（1）每组配备手机或平板电脑一台。

（2）若干汽车零部件图片。

任务评价

实训任务书如表 1－1 所示，活动过程评价如表 1－2 所示。

表 1－1　　实训任务书

<table>
<tr><td rowspan="2">编号一零部件</td><td>零部件名称</td><td rowspan="2">编号二零部件</td><td>零部件名称</td></tr>
<tr><td></td><td></td></tr>
<tr><td colspan="2">功能：</td><td colspan="2">功能：</td></tr>
<tr><td rowspan="2">编号三零部件</td><td>零部件名称</td><td rowspan="2">编号四零部件</td><td>零部件名称</td></tr>
<tr><td></td><td></td></tr>
<tr><td colspan="2">功能：</td><td colspan="2">功能：</td></tr>
</table>

表 1－2　　活动过程评价

<table>
<tr><td>班级</td><td></td><td>评分人</td><td colspan="2"></td><td>日期</td><td></td></tr>
<tr><td>序号</td><td colspan="3">评价要点</td><td>分值（分）</td><td>得分（分）</td><td>存在问题</td></tr>
<tr><td>1</td><td colspan="3">零件辨别是否正确
（正确一项得 10 分）</td><td>40</td><td></td><td></td></tr>
<tr><td>2</td><td colspan="3">零件对应的功能是否正确
（每一个点正确得 5 分，
最高不超过 60 分）</td><td>60</td><td></td><td></td></tr>
<tr><td colspan="4">合计</td><td>100</td><td></td><td></td></tr>
<tr><td colspan="5">评价等级（合计分数 85 分以上为 A，70 ~ 85 分为 B，60 ~ 69 分为 C，60 分以下为 D）
评价人需要提出改进意见</td><td colspan="2"></td></tr>
</table>

任务拓展与作业

（1）请任选一款汽车，收集该汽车的介绍资料，对应所学的汽车基础知识，熟悉相关概念。

（2）请上网搜索至少 10 个汽车品牌名称、品牌标志和原产国的信息，形成 Word 文档提交至学习通平台。

项目二　汽车维护和保养

任务情境

车辆日常维护是保证车辆正常运行的基础。汽车销售人员必须掌握一些汽车维护和保养的技巧，这样无论是面对来购置新车的客户，还是面对来进行车辆维护保养的客户，都可以提供更全面、更专业的服务。

任务分析

掌握汽车维护和保养的要点。

知识储备

汽车是一个由许多零部件组成的复杂的工具，人们在使用过程中需要经常对其进行维护和保养，这样才能确保更优的性能。车辆的正常保养关系到车辆的使用寿命和司机、乘客的安全。保养或使用不当会引发车辆故障，带来安全隐患。除了按时到维修站进行强制保养外，车主还应做好日常的保养工作，这有益于车辆的“健康”。汽车保持良好的行驶状态，得益于精心的日常保养。

一、新车磨合期注意事项

1. 起步要预热

起步预热的目的在于给发动机提供一个充分的润滑时间，尤其是购买涡轮增压车的车主，磨合期更不能忽略预热，涡轮增压车建议预热时间至少一分钟。

2. 起步要平稳

如果车辆刚启动，就急加速或急刹车，很容易导致汽车相关部件的异常磨损，不利于汽车的正常磨合，后期可能会提高车主的养车成本。平稳起步缓加速，能够让发动机有一个适应过程。

3. 发动机转速不宜过高

使用磨合期内的新车时应控制好转速，发动机的转速越高，发动机的负荷越大，给发动机带来的损伤也越大，往往在前 500 公里时，新车车速不要超出 80 公里/小时，此时最好避免开车上高速。

4. 不要长时间保持一个挡位

使用磨合期内的新车时要注意挡位的磨合，驾驶手动挡汽车时，尽可能让每一个挡位都能磨合到，加强汽车变速箱中各零件的配合。驾驶自动挡汽车时，驾驶员需要通过控制不同的车速磨合变速箱和发动机。

5. 不要负重行驶

负重行驶对于发动机有一定的损伤，汽车的负重越大，汽车发动机的磨损越大。磨合期中的汽车越轻越好，新车前100公里最好空载行驶。

6. 减少紧急刹车的频率

新车磨合期内若频繁紧急刹车，会对汽车的底盘、发动机产生一定的冲击，所以在开车过程中尽可能不要紧急刹车，应提前松油门，减速慢行。

7. 不要长时间行驶

新车在磨合期时，不要长时间行驶或者跑长途，开开停停是不错的新车磨合方式，长时间行驶对于汽车发动机有一定的磨损。

二、汽车日常维护

（一）汽车维护周期

出车前，行车中，收车后。

（二）汽车日常维护与保养主要内容

坚持“三检”：出车前、行车中、收车后检视车辆的安全设备及各部件连接的情况。

保持“四清”：保持加油滤清器、空气滤清器、燃油滤清器、蓄电池的清洁。

防止“四漏”：防止漏水、漏油、漏气、漏电。

保持车容整洁。

1. 汽车出车前维护作业内容

（1）清洁汽车外表。

（2）检查门窗玻璃、玻璃升降装置、刮水器、后视镜、内视镜和门锁等是否完好有效。

（3）检查冷却水、润滑油、液压制动液、燃油、蓄电池电解液是否充足，并检查上述液体容器的盖是否完好。

（4）检查牌照是否完好，喇叭是否有效，灯具是否齐全有效。

（5）检查转向机构各连接部位是否牢靠。

（6）检查轮胎气压是否符合标准，轮胎螺栓是否松动，并清除胎纹间杂物。

（7）检查转向盘自由转动量，离合器踏板、自由行程是否正常。

（8）检查钢板弹簧及 U 形螺栓是否完好紧固。

（9）检查发动机运转过程中有无异响，各仪表工作是否正常。

（10）检查是否漏水、漏油、漏气、漏电。

（11）检查车厢装载情况是否符合装载规定，拖挂装置是否牢固可靠。

（12）检查随车装备和工具是否齐全，并随车携带必要的备件和配件。

（13）检查行车证照是否齐全。

2. 汽车行车中维护作业内容

（1）汽车起步行驶后，试验离合器、制动器和转向系统的工作状况。

（2）汽车行驶中发现下列情况之一，应立即停车检查，排除隐患。

①发动机熄火、工作不稳、温度过高；②发动机或底盘有异响和气味；③仪表工作失常或失效；④制动器失灵或制动气压低于警戒值（气压表红色部分）；⑤转向机构工作失常；⑥轮胎有明显的漏气或严重损坏；⑦离合器工作失常。

3. 行车途中停车时维护与保养内容

（1）检查有否漏水、漏油、漏气、漏电。

（2）检查制动鼓、轮毂、减速器、中间轴承、变速箱的温度是否正常，过热时应查明原因，排除故障。

（3）检查轮胎气压是否正常，轮胎有无损伤，并清除胎纹间杂物。

（4）检查转向机构各部分连接是否牢靠。

（5）检查传动轴、万向节的连接是否牢固。

（6）检查钢板弹簧是否完好，其 U 形螺栓有无松动，空气悬架系统是否磨损或泄漏。

（7）检查拖挂装置是否安全可靠。

（8）检查装载货物是否松动移位。

4. 汽车日常收车后维护作业内容

（1）清洁全车外表和驾驶室（车厢）内部。

（2）检查有无漏水、漏油、漏气、漏电。

（3）补给燃油、制动液、机油、齿轮油等使其达到标准，加注润滑脂（特指大型车辆）。

（4）检查冷却系统工作情况。夏季检查百叶窗开度和风扇皮带松紧度，定期换水清洁；冬季气温低于 3 摄氏度时，未加防冻液的冷却水应放净。

（5）冬季气温低于零下 30 摄氏度时，应拆下露天停放的车辆的蓄电瓶，置于室内保温。

（6）检查各连接装置有无松动、脱落。

（7）检查悬架总成各部件状况。

（8）检查轮胎气压，不足时应补气。清除胎纹及并装轮胎间的杂物。

（9）排净制动储气筒内的油、水，并关闭电源开关（特指大型车辆）。

（10）检查拖挂装置是否安全可靠。

（11）发现故障和不良事项时及时排除或报修。

三、车辆定期保养

车辆定期保养，指按车辆行驶里程（或工作时间）规定的周期性保养。通常其分为若干级，每级又按作业范围、深度和保养周期规定了不同的保养项目。保养工作按一定里程（或工作时间）持续循环进行。

定期保养分为三级。汽车一级保养又称例行保养，一般在汽车行驶1500~2000公里时进行，以紧固、润滑为主。清洁车身并擦拭发动机、底盘部分；清洗、保养空气滤清器；清洗汽油滤清器；放出机油滤清器中的沉积物，转动滤清器手柄3或4圈，清洗机油滤清器，根据污染程度更换滤芯；放出储气筒的油水积物。

二级保养一般在汽车每行驶6000~10000公里进行，以检查、调整为中心，指对行驶一定里程车辆进行一次较深入的技术检查和调整，其目的是使车辆在以后较长时间内，能保持良好的运行性能。检查发电机、起动机、灯光、仪表、按钮、开关附属设备等是否齐全、完整，能正常工作；方向盘自由行程和前束是否符合要求，转向轻便、灵活、可靠，行驶时前轮无左右摆头和跑偏；离合器自由行程是否符合要求，操作方便、分离彻底、结合平稳可靠，无异响，液压系统无漏油；制动踏板自由行程和制动器间歇是否符合要求，行车、驻车制动良好，制动时无跑偏现象或拖滞现象，惯性比例阀工作正常，不漏油；变速箱、驱动桥、万向节（或半轴）传动装置等是否润滑良好，连接可靠，无异响和过热，不跳挡、换挡灵活、不漏油。

三级保养一般在汽车行驶36000~40000公里时进行，是经几次二级保养后，为了巩固和保持各个总成、组合件的正常使用性能而采取的保养措施。在汽车行驶较长里程后，对总成和组合件进行保养作业。具体包括拆检发动机，检查汽缸、活塞、活塞环及拉杆、轴承磨损情况；清除积碳、结胶及冷却系水垢，研磨气门及调整间隙；对前桥、转向、变速器、传动轴、后桥、悬挂和制动器等进行解体，进行清洗、检查、调整、故障排除等工作，必要时对车架和车身进行检查、除锈、补漆等。

（一）小保养项目

1. 机油

机油也叫润滑油，对发动机起到润滑、降温、减震缓冲和降低磨损等作用，所以，机油也被称为发动机的“血液”。全合成机油一般在10000~12000公里更换，如果不经常开车的话，机油也会乳化，失去作用，一年左右需要换一次机油；半合成机油的更换周期一般是在8000~10000公里；矿物机油一般5000公里左右就需要更换了。

2. 三滤

机油滤芯、空气滤芯和空调滤芯三者称为汽车的三滤。机油滤芯的作用在于过滤机油，去除机油中的灰尘、金属颗粒、碳沉淀物和煤烟颗粒等杂质，保护发动机，它的更换周期和机油一样，每次更换机油的时候，都需要更换机油滤芯。空气滤芯是过滤空气的，保证发动机进气清洁，一般在 2 万公里或 2 年左右更换一次。空调滤芯用于对车内空气过滤，同样是 2 万公里或 2 年左右更换一次。

（二）大保养项目

1. 刹车油

建议每次大保养（4 万公里左右）时更换刹车油。当然根据个人用车情况不同，也可缩短周期。由于刹车油的固有特性——吸水，使用久了后，油水分离，沸点不同，性能就会降低，影响刹车效果。

2. 汽油滤清器

现在一般都使用内置滤芯（8 万公里左右更换），如果是外置滤芯，建议 2 万公里左右更换。其过滤汽油中的杂质，避免杂质进入、损坏电喷系统。如果其太脏或者堵塞一般表现为车辆加速无力，启动困难。

3. 变速箱油

自动变速箱油的更换周期是 8 万公里左右，而手动变速箱油的更换周期是 12 万公里左右。变速箱油是保持排挡系统清洁的油类用品，能起到保证变速箱正常工作并延长传动装置寿命的作用。在更换变速箱油后，行车换挡会更加顺畅，同时能防止出现变速箱抖动、异响、跳挡、失灵这些问题，所以在特定周期里需要对变速箱油进行更换。

4. 刹车片

刹车片一般的更换周期为 4 万公里左右，如果是开车方式比较柔和的车主，则可以延长到 6 万～8 万公里，但最重要还是时刻留意车辆的刹车能力和刹车片状况，视情况更换刹车片。严格来说，刹车片并没有一个特定的更换周期，因为这是一个易损件，使用情况不同，刹车片所承受的压力也有所不同。所以应该从刹车片的厚度考量是否需要更换。

5. 防冻液

防冻液的主要作用在于冬天防冷冻，夏天防沸腾，以及防水垢和防腐蚀。一般的冷冻液更换周期是 4 万～6 万公里。而在检查冷冻液时，冷冻液容器上有 max（最多）和 min（最少）两个符号，在更换冷冻液时，冷冻液容量不能超过 max，而如果冷冻液低于 min 时，则表示需要补充冷冻液了。

6. 火花塞

火花塞也是每次大保养时必须检查的项目，因为火花塞的作用在于点火引燃缸内可燃混合气体，一旦工作时间过长，就会使发动机运转不平顺而产生抖动，甚至会形成缺缸，打不着火，同时会使发动机更加费油，火花塞非常重要。

任务描述

（1）学生在教师的指导下分为 3 人一组，利用手机或平板电脑自学汽车维修和保养的相关知识。

（2）学生作为汽车销售人员，为客户设计汽车定期保养的温馨提示小卡片。

（3）每小组派代表展示各自小组设计的卡片。

（4）其他小组进行评价，统计出满意度较高的 3 张温馨提示卡片。

实训准备

（1）每组配备手机或平板电脑一台。

（2）卡纸、马克笔若干。

任务评价

活动过程评价如表 1 – 3 所示。

表 1 – 3　　活动过程评价

班级		评分小组成员			
序号	评价要点	分值（分）	成员 A 得分（分）	成员 B 得分（分）	成员 C 得分（分）
1	汽车定期保养小知识实用	30			
2	卡片整体美观有吸引力	30			
3	卡片展示讲解清楚明了	20			
4	小组整体表现佳	20			
合计		100			
评价等级（合计分数 85 分以上为 A，70 ~ 85 分为 B，60 ~ 69 分为 C，60 分以下为 D） 评价人需提出改进意见					

任务拓展与作业

客户购买了新车以后，请你编辑一条短信提醒客户汽车磨合期的一些注意事项，同时附上自己的祝福。

项目三　汽车销售流程

任务一　客户接待

任务情境

小林正式成了一名汽车销售实习生，他向店长请教，希望店长能指导他。店长说："要想成为一名优秀的汽车销售人员，需要明确汽车的销售流程，一般其可以分为六个步骤，我们来学习第一步——客户接待。"

任务分析

（1）做好客户接待的准备工作。

（2）使用欢迎话术完成迎宾。

（3）使用规范的标准动作完成客户接待。

知识储备

一、客户接待流程的主要环节及工作要点

客户接待贯穿汽车销售流程的整个过程，并且汽车销售由客户接待开始。销售人员能否在第一时间给客户留下良好且深刻的印象，能否与客户在最短的时间内建立互动、信赖的关系，对销售结果至关重要。

（一）客户接待准备

客户接待准备越充分，客户产生的抗拒就会越少。一家门店中，客户接待的准备工作主要包括以下 6 项内容。

（1）销售顾问穿着门店指定的制服，保持整洁，佩戴名牌。

（2）每位销售顾问配备自己的销售工具夹，并把常用的销售工具放于工具夹内，与客户商谈时携带。

（3）每日早会销售顾问互检仪容仪表，重点关注着装是否规范。

（4）每日早会销售顾问自行检查销售工具夹内的资料，及时更新。

（5）每日早会销售经理或销售主管设定排班顺序，制订排班表。

（6）接待人员在接待台站立接待，值班销售顾问在展厅等待来店客户。

（二）等待客户到来

当准备工作就绪后，销售顾问应以饱满的工作热情等待客户到店。为了确保客户到来时能享受热情的接待和服务，销售顾问在等待客户的间隙，应注意开展展厅的清洁维护与展示车辆的整理工作，同时要时刻留意来店客户，这样可以快速了解客户信息、客户喜欢的车型等。

（三）客户来店时

客户来店后，销售人员要尽可能和每一个来访者在2分钟内进行谈话，主动向客户提供服务。

当接待人员或值班人员发现有客户进入展厅时，要快速至展厅外迎接，体现出主动招呼客户的服务意识，同时应精神十足地高喊："欢迎光临!"其余在场人员也应附和："欢迎光临!"也可根据店内的风格自创独特的欢迎模式；客户进入展厅后，顺势将其引导至接待处。

来店的客户可能并不仅限于有购买意愿的客户，进店维修的客户也有，与公司往来的人员也有，还有其他各类人员。针对来店客户，销售顾问必须问明来意，然后与相关负责人确认，确保来店客户的接待能落实。

（四）客户想独自参观车辆时

当客户想独自参观车辆时，销售顾问要注意与客户保持5米的距离，不要让客户感到压力，同时在客户目光所及的范围内，关注客户的动向和兴趣点。

（五）客户希望与销售顾问商谈时

当客户希望与销售顾问商谈时，销售顾问要立即邀请客户入座。销售顾问要尽可能延长客户在店里停留的时间，请客户在洽谈前就座，同时向客户提供可选择的免费饮料，座位安排要朝向客户感兴趣的车辆。

（六）客户离开时

当客户表示要离开时，销售顾问要提醒客户清点随身携带的物品，送客户至展厅外，感谢客户惠顾，热情欢迎客户再次来店。销售顾问要保持微笑、目送客户离开。

如果客户开车前来，销售顾问则要陪同客户到车辆旁，为客户打开车门并提醒注意周围车辆。

（七）客户离去后

客户离去后，销售顾问要尽快整理客户的相关信息，填写来店客户登记表。

二、客户接待技巧

（一）客户接待的基本动作

客户接待的基本环节有打招呼、递名片、寒暄、请客户入座、倒水，它们也被称为接待的5件套。在接待过程中注意使用礼貌用语："欢迎光临，请慢慢参观"；"欢迎光临"；"是，知道了"；"请您稍后"；"让您久等了，真不好意思"；"实在对不起"；"非常感谢"。

需要注意的细节如下。

（1）先向客户问候，再行礼（先语后礼），笑脸迎接。

（2）躬身15°行礼，行礼时，眼睛仍需注视对方以示尊重。

（3）为使展厅气氛更活跃，在展厅的所有销售顾问均应一同起立向客户问好。

（4）自我介绍时要清楚地说出自己的全名。

（5）适当发问。

（二）客户接待话术

当客户说"我只是想看看"时，可以参考以下话术。

"好的，大部分客户第一次来时都是想看看。您想看哪种产品？目前××卖得不错，很受欢迎。您可以参考看看！"

当客户说"我不需要帮助"时，销售人员应该请客户随意观赏，递给客户一张名片，客户需要时再提供帮助，参考话术如下。

"没关系，您随处看看，我就在展厅，这是我的名片，您有什么疑惑，我随时为您解答。"

当客户说"我只是想知道最低的价格"时，销售人员可以参考以下话术。

"我很乐意为您提供最优惠的价格。只是，不同的规格会导致价格上的差异。能否多给我一些您感兴趣产品的讯息？"

（三）接近客户的技巧

回答下面几个问题可以帮助销售人员提高接近客户的技巧。

与客户见面前销售人员应该做好哪些准备？一般情况下与客户寒暄招呼的时间大约多久？刚见面的寒暄招呼有多重要？当客户走进店内时，他的状态如何？他对于销售人员及买车的态度如何？在寒暄招呼的阶段，销售人员应该完成哪些事情？销售人员用哪一种态度能够让客户站在自己这一边？

针对上述问题要不断进行实践和提高。

下面是接近客户的两个重要训练。

1. 开场白的训练

接近客户时的开场白很重要，请尝试着写10个以上好的开场白，并请其他人评价这些开场白给他的感受，完善开场白，并不断练习。

如果客户给销售人员一个不好的、消极的回答，难看的脸色，销售人员如何应对？针对该场景反复训练。

2. 成功接近客户的训练

在初次沟通中，销售人员应该清楚，客户是从陌生关系开始沟通的，为了降低客户的戒备，缩短双方的距离，建立互动，可以先谈谈刚结束的车展，也可以谈任何让客户感觉舒服的事情，刚开始不要过于功利，不要涉及以成交为导向的话题。

任务描述

（1）学生在教师的指导下分为4人一组。

（2）按照汽车销售人员形象要求完成着装和仪容检查。

（3）刘先生平时开桑塔纳2000轿车，但该车属于刘先生公司的商务用车，周末不方便使用，购买新车可以更自由地安排周末出游。周日上午刘先生和刘太太一起来店里看车。小组根据此情景完成客户来店时的接待演练。

（4）其他同学在扮演客户时必须对销售人员所使用的迎宾话术和动作做出评价。

（5）上传本组表现最好的销售人员接待视频。

实训准备

（1）硬件准备：①正装一套；②化妆品一套（满足职业妆需要即可）。

（2）每组配备手机或平板电脑一台。

任务评价

活动过程评价如表1－4所示。

表 1－4　　活动过程评价

<table>
<tr><td>班级</td><td colspan="2"></td><td>评分人</td><td></td><td>日期</td><td></td></tr>
<tr><td>序号</td><td colspan="3">评价要点</td><td>分值（分）</td><td>得分（分）</td><td>存在问题</td></tr>
<tr><td>1</td><td colspan="3">形象符合销售人员要求</td><td>10</td><td></td><td></td></tr>
<tr><td>2</td><td colspan="3">客户进店时热情迎宾</td><td>20</td><td></td><td></td></tr>
<tr><td>3</td><td colspan="3">自我介绍、递名片环节自然流畅</td><td>30</td><td></td><td></td></tr>
<tr><td>4</td><td colspan="3">通过寒暄收集客户信息，
正确分析购车需求</td><td>40</td><td></td><td></td></tr>
<tr><td colspan="4">合计</td><td>100</td><td></td><td></td></tr>
<tr><td colspan="5">评价等级（合计分数 85 分以上为 A，70～85 分为 B，
60～69 分为 C，60 分以下为 D）
评价人需提出改进意见</td><td colspan="2"></td></tr>
</table>

任务拓展与作业

学生课后任选一家汽车 4S 店进行调研，体验汽车销售人员的销售过程，并拍照上传。

任务二　车辆展示与介绍

任务情境

在明确客户需求以后，汽车销售人员应看准机会，以客户的需求为依据，向客户推荐合适的车辆。如何将合适的车辆推荐给客户，以达到客户满意呢？这便是小林即将学习的汽车销售流程的第二步——车辆展示与介绍。

任务分析

运用六方位绕车法进行汽车介绍。

知识储备

六方位绕车法是汽车商品说明的一个重要方法，也是目前几乎各个汽车品牌经销商展厅销售都在用的商品说明方法。六个方位包括车前方、驾驶室、车后座、车后方、车侧方、发动机室（见图 1－2）。在每个方位可以说明不同的商品重点，销售顾问自我练习时可以把汽车的商品知识按照方位进行分类。但实际工作中六个方位没有一定的顺序要求，应以客户的需求为出发点，客户需要销售顾问讲什么，销售顾问就要按照客户的要求进行讲解，要把六个方位的要点融合进去。

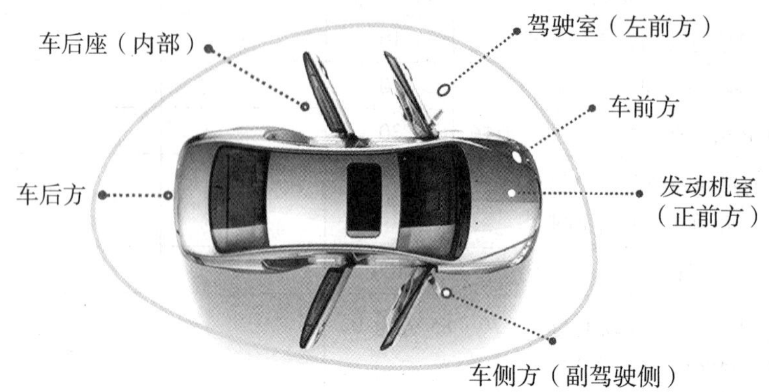

图 1－2　六个方位

六方位绕车法注意要点如下。

（1）每个方位都有一个最佳的站位点，销售顾问要根据客户的特点主动引导。

（2）每个方位都有最适合介绍的内容，要展示给客户。

（3）方位没有顺序，也不是非要一次性介绍六个方位，而是要根据客户需要而定。

（4）每个方位都有一定的介绍话术，要多积累和总结。

举例说明如下。

1. 车前方

车前方没有具体的位置，要结合车型特点、客户身高特点及客户感兴趣的点选择合适的位置，一般情况下销售顾问站在车辆左前照灯前 80 厘米左右，面对客户，同时邀请客户站在离车辆正前方 45°角 2～3 米的距离；进行局部介绍时，销售顾问需要五指并拢，手心向上引导客户进行观看，必要时销售顾问可微微躬身。

车前方的介绍要点主要有整车造型设计、车头前端设计、前照灯、前格栅设计、车标设计、风窗玻璃清洗装置等。重点介绍外观、风格以及气流动力性等。

话术举例：

“本车采用了开创式的设计理念，配合平滑的发动机盖和虎眼式前照灯，车的前部看起来更有冲击力，传递着一种锐不可当的气势；前风窗玻璃的清洗喷嘴隐藏在发动机舱盖下面，不仅看上去美观，而且在功能上也有效降低了风阻系数，减少了油耗。这是高档车所具有的配置。”

2. 驾驶室

进行驾驶室说明时，销售顾问应打开驾驶室车门，站在车辆 B 柱位置前为客户介绍转向盘、变速器；要引导客户进入驾驶室，销售顾问以标准蹲姿为客户操作座椅，或者在得到客户允许后，坐到副驾驶席继续介绍其他功能。

驾驶室介绍要点较多（见图1－3），主要有宽敞的车内空间、高精度高品质的内饰设计、前排电动调节座椅、驾驶席最佳位置记忆及自动调节系统、提高舒适感的前头枕、真皮包裹转向盘、电动调节转向盘、新型动力转向装置、转向盘操控按钮、组合式仪表板、自发光式仪表盘、多功能信息显示器、带蓝牙功能的多媒体DVD（数字激光视盘）、语音导航系统、测间距声呐、倒车诱导装置、高级音响系统、左右独立式新型自动空调、空气清新器、等离子发生器、硬币袋、大型杂物箱、杯架（前/后）、中央小储物盒、顶式操控台、带有顶棚照明的遮光罩、智能钥匙启动系统、手自一体式变速器（操控手柄）、可折叠的电动后视镜、防紫外线设计/低反射的风窗玻璃、扩散式风窗玻璃清洗装置、安全带警告装置、前排二级式及护膝部双SRS（辅助防护系统）空气囊、侧部SRS空气囊及窗帘式SRS空气囊、制动踏板后退防止结构等。

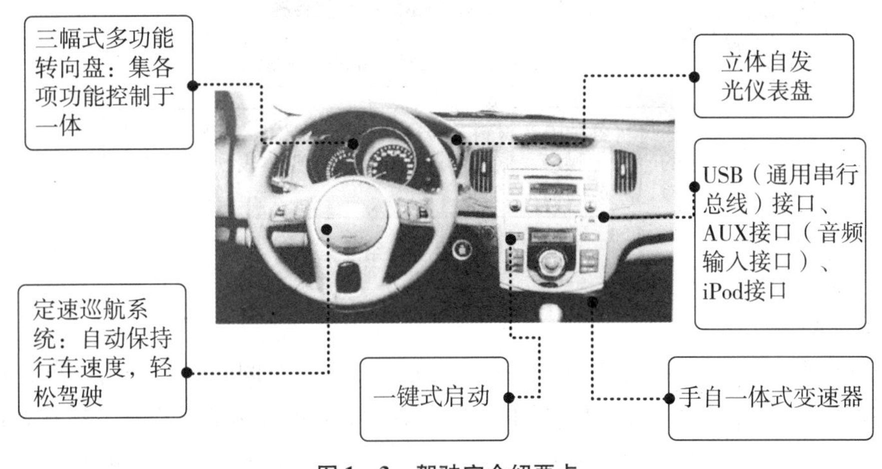

图1－3　驾驶室介绍要点

话术举例：

“先生，您看这款车的钥匙和别的车不一样！这把钥匙有很多人性化的功能，集开门、关门、开启行李舱与电子寻车于一体，免去了许多使用上的烦恼，使您的生活更加方便。

“它的转向盘采用了集控化设计，在转向盘上配备了音响系统操控按键和定速巡航系统。不但操作更便捷，实现了开车的时候视线零转移，也提高了驾车时的安全性。这是三筒式立体仪表盘，它采用了全汉化的信息显示，同时在开启背景光时，采用了分段式设计，先亮指针，再亮数字，最后是背景光，非常绚丽，也达到了良好的人机互动效果。”

3. 车后座

车后座主要介绍后部空间及一些有特色的装置，销售顾问可在展车内或展车外介绍，但一定要邀请客户进入展车内参观。同时积极鼓励客户多体验车辆，激发客户的想象力，促进他产生拥有该款车的冲动。

车后座的介绍要点主要有后排电动调节座椅、后排中央扶手处的控制板、车载冰箱、可移动式后排座椅阅读灯、后排空调出风口、后部空调、后窗电动式遮阳幕、后座侧窗帘、预紧限力式后排左右座椅安全带、后排座椅安全带调节器、后排左右座椅、童椅及顶部绳索固定装置等（见图1－4）。

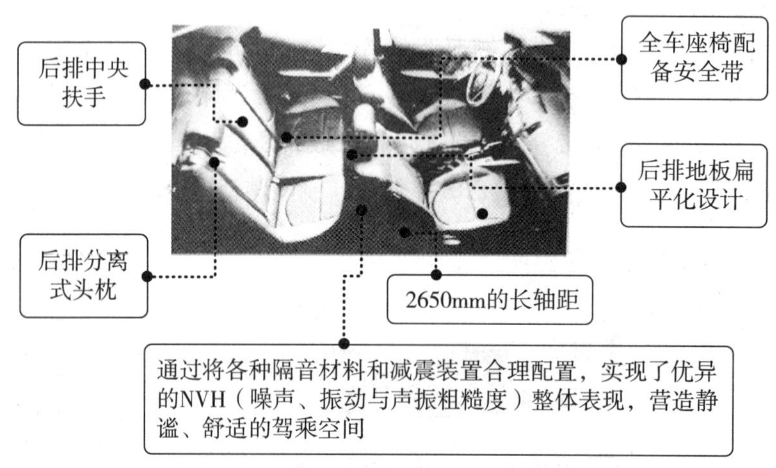

图1－4　车后座介绍要点

话术举例：

“先生，您可以到车后座坐一下，感受一下它的后排空间。作为家用轿车，腿部空间还是很宽敞的，它的轴距在同级车中较长，腿部空间设计也非常合理，很适合您。

“您看，它的后排配备了三条安全带，充分体现了它的人性化设计理念。一般在高速公路上行驶，为了安全起见，后排的乘客也应系紧安全带。先生，它的后排地板采用了扁平化设计，使后排乘客获得了更宽裕的腿部空间，即使乘坐3个人也不会太拥挤，这也是在同级车中非常出色的设计。”

4. 车后方

销售顾问站在车辆左后方的位置进行介绍，具体为离车辆后保险杠50厘米左右处；邀请客户在车辆右后方或正中的位置观看。车后方的介绍要点主要有组合尾灯排气管、倒车雷达及倒车影像监视器、开启便捷的行李舱等（见图1－5）。

话术举例：

“先生，您看，车辆尾部的设计造型延续了车头的风格，通过楔形的后尾灯设计，整车看起来更加硬朗；隐藏式的天线有效降低风阻和风噪，体现了车辆的高科技感；高质感的倒车雷达，感应面积大，当探测到障碍物时，会立即进行声音提示，精确度高，大大提高了您驻车的方便性和安全性；它的行李舱非常宽大，容积达到了415升，满足了您储物的需要，同时带有扰流设计，在车辆高速行驶时产生了下压力，保证了

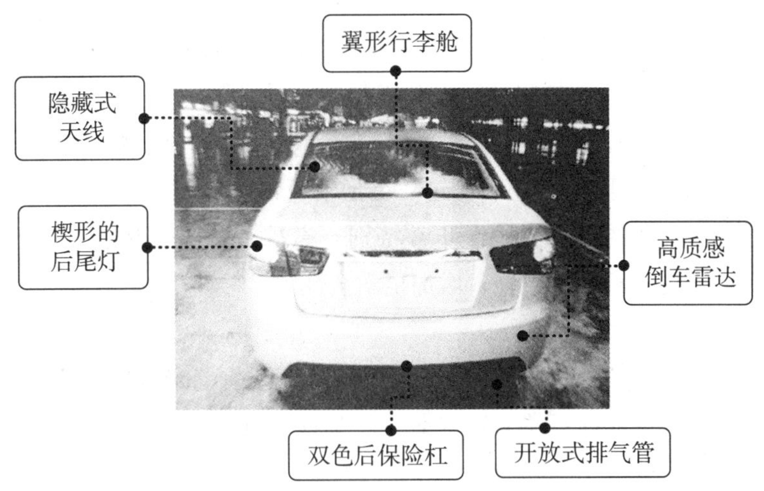

图1-5　车后方介绍要点

车辆行驶的稳定性和安全性。”

5. 车侧方

车侧方介绍时有两个位置，一般情况下在一侧介绍外观和特色装置，在另一侧介绍车辆的安全配置。车侧方介绍时应在车辆侧面进行；将客户邀请至B柱外60~100厘米的位置观看车辆。

车侧方介绍要点主要有车侧线条、侧面转向灯、外侧车门把手、轮胎与轮毂、宽大车内空间、优良的行驶性能设计、最小转弯半径、前后悬架、轻质及高强度车体、静肃车身、防抱死制动系统、电子制动力分配装置、车身稳定性控制系统、牵引力控制系统、上下坡辅助控制系统、冲撞吸能式车身、减轻对行人伤害的车身、吸收冲击结构所隐藏的人性化设计、再生材料的应用、无线门锁遥控装置、智能钥匙启动系统等（见图1-6）。

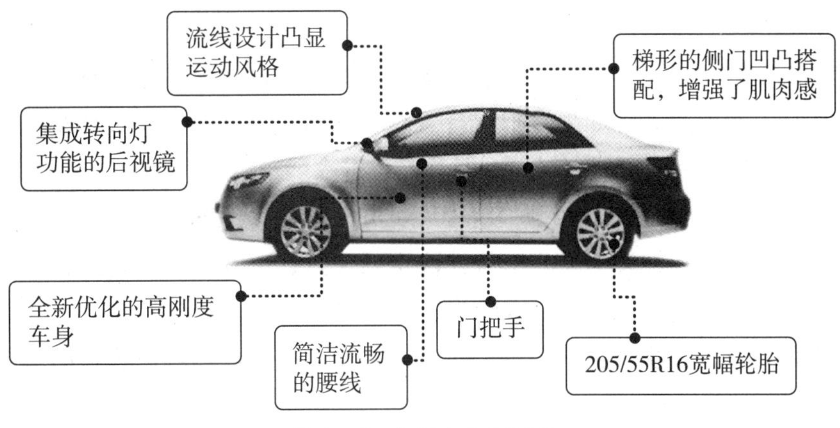

图1-6　车侧方介绍要点

话术举例：

“车辆采用了全新优化的高刚度车身，大大提高了车内乘员的安全性，NHTSA（美国高速公路安全管理局）碰撞测试结果为五星安全。它的侧面则是简洁、充满力量的腰线。腰线设计得很高，完全是高档轿车的设计，如奔驰 S 级、雷克萨斯 LS 等豪华车都是这样。这样的设计不仅使整车看起来更加动感时尚，而且大大降低了风阻系数，从而降低了油耗。外部的后视镜设计非常特别，集成了转向灯功能，不但美观，还使转向灯高度更为合理，可视性更强，增加了安全性。”

6. 发动机室

对等待的客户说：“请稍候。”销售人员离开车辆前端来到驾驶室旁；打开车门，拉动发动机舱盖锁定释放杆；关上驾驶室门，返回车辆前端，用双手打开发动机舱盖。此时主要介绍发动机及汽车的动力性能和行驶性能。

发动机室的介绍要点主要有发动机舱盖，发动机参数及性能，发动机室减震、降噪、隔热设计，变速器等。

话术举例：

“第一，车辆采用了最新的××发动机，技术先进、可靠，动力强劲，同时油耗更低。它的功率达到了同级车中极高的×匹，转矩更是达到了惊人的×牛顿·米。百公里加速是同级车中极快的，能带给您更强的推背感。第二，发动机缸体采用了全铝材质，散热效果更好，质量更轻，有效地降低了车辆的油耗。第三，它的排放达到了欧Ⅳ标准，污染更小，更加环保。”

六方位绕车法只是一个指导性的方法和工具，关键是销售顾问要对车辆的各个要点及参数非常熟悉，同时针对客户的需求和关注点进行说明。进行商品说明时，销售顾问要保持微笑，主动、热情地为客户提供服务；在介绍过程中使用规范的站姿、走姿、蹲姿、坐姿；在介绍的时候不要忘记使用“您看”“您请”“请问您”等文明礼貌用语；在为客户做指引、介绍时，手臂伸出，五指并拢；开关车门时要注意动作力度，体贴入微；客户进入展车内时，销售顾问应用手掌挡在车门框下（掌心向下，五指并拢）保护客户；爱护展车，尤其要预防车漆被客户不慎刮伤的现象出现；保持展车内外尤其是车内饰物的整齐。如果客户手持香烟、饮料、食品等容易破坏车内清洁环境的物品，销售顾问应礼貌地劝其放下此类物品再进入展车参观。

在车辆展示与介绍这一步骤中，销售人员并非单一、乏味介绍一种产品，而是对这种产品的特性进行详细说明，将由特性决定的优点，以及这样的优点带来的利益介绍给客户，这才是促进成交的有利途径。

在说明商品时，要注意正确运用正面的销售词汇，这可以唤起客户的兴趣并增强其购买意愿。

任务描述

（1）学生根据上一情景中刘先生、刘太太的情况，挑选一款合适的车作为介绍训练的产品，完成实训任务书的填写。

（2）扮演汽车销售人员，运用六方位绕车法向客户介绍该款车辆。

（3）扮演客户的同学根据评价表对汽车销售人员进行评分。

（4）双方交换角色，重新完成实训任务。

（5）随机抽选小组进行公开展示。

实训准备

每组配备手机或平板电脑一台。

任务评价

实训任务书如表1－5所示，活动过程评价如表1－6所示。

表1－5　实训任务书

介绍车辆：____________
一、车前方 ______________________________ ______________________________
二、驾驶室 ______________________________ ______________________________
三、车后座 ______________________________ ______________________________
四、车后方 ______________________________ ______________________________
五、车侧方 ______________________________ ______________________________
六、发动机室 ______________________________ ______________________________

表 1－6　　活动过程评价

<table>
<tr><td>班级</td><td></td><td>评分人</td><td colspan="2"></td><td>日期</td><td></td></tr>
<tr><td>序号</td><td colspan="3">评价要点</td><td>分值（分）</td><td>得分（分）</td><td>存在问题</td></tr>
<tr><td>1</td><td colspan="3">六方位绕车介绍是否流畅</td><td>20</td><td></td><td></td></tr>
<tr><td>2</td><td colspan="3">是否将车辆的优点和带给客户的利益介绍清楚</td><td>30</td><td></td><td></td></tr>
<tr><td>3</td><td colspan="3">介绍是否有吸引力</td><td>30</td><td></td><td></td></tr>
<tr><td>4</td><td colspan="3">介绍过程中站姿、引导姿势等是否符合标准</td><td>10</td><td></td><td></td></tr>
<tr><td>5</td><td colspan="3">是否面带微笑，使用礼貌用语</td><td>10</td><td></td><td></td></tr>
<tr><td colspan="4">合计</td><td>100</td><td></td><td></td></tr>
<tr><td colspan="5">评价等级（合计分数 85 分以上为 A，70～85 分为 B，60～69 分为 C，60 分以下为 D）
评价人需提出改进意见</td><td colspan="2"></td></tr>
</table>

任务拓展与作业

FABE（特性、优点、利益、证据）销售法同样适用于汽车销售，请运用 FABE 销售法进行上述任务中的车辆介绍。

任务三　提供试乘试驾服务

任务情境

“对于客户来说，试驾是在购买车辆前一定要有的一步。在不启动车辆的情况下，车辆很多功能是无法解释和展示的。试乘试驾是对车辆的动态说明，通过该步骤客户可以动态地了解车辆的性能，增加对车辆的信心。”店长告诉小林，在接待客户以后要尽可能地邀请客户进行试乘试驾，充分了解车辆的性能。

任务分析

引导客户进行试乘试驾，为客户提供试乘试驾服务。

知识储备

试乘试驾是车辆介绍的延伸，也是让客户亲身体验汽车产品性能的最好时机。客户切身体会驾驶感受，加上销售顾问把握时机动态介绍，可加深客户对产品的认同，从而增强购买信心，激发购买欲望。鉴于试乘试驾的重要性，销售人员要严格执行该步骤的要求，完善试乘试驾的流程和准备工作。试乘试驾主要有四个阶段，分别是试乘试驾的准备、试乘试驾前、试乘试驾时、试乘试驾后。

一、试乘试驾的准备

在进行试乘试驾前，必须要做好相应的各项准备工作。试乘试驾的准备主要包括车辆及其文件的准备、路线规划的准备、相关人员的准备。

1. 车辆及其文件的准备

主要包括以下几点内容。

（1）汽车经销店必须准备专门的试乘试驾用车，尤其是汽车主机厂要求的车型。

（2）试乘试驾车由专人管理，保证车况处于最佳状态，油箱内有1/2箱燃油。

（3）试乘试驾车应定期美容，保持整洁，停放于规定的专用停车区域内。

（4）试乘试驾车证照齐全并有保险。

2. 路线规划的准备

合理规划路线可以更好地向客户展现车辆的综合性能，同时可保证行车安全，避免不必要的麻烦。应事先规划试乘试驾路线，以“保证安全”为首要原则。规划路线时应注意以下两点。

（1）按照车型特性规划试乘试驾路线，确保路线能够展现车辆的性能，同时考虑避开交通拥堵路段。

（2）随车放置《欢迎参加试乘试驾活动》文件，附有相应的行车路线图。

3. 相关人员的准备

试乘试驾过程中一定要确保客户和车辆的安全，所以对相关人员有严格的要求，要提前做好准备。主要考虑以下三点。

（1）销售顾问必须具有合法的驾驶执照。

（2）若销售顾问驾驶技术不熟练，则应请其他合格的销售顾问进行驾驶，自己陪同。

（3）客户必须携带本人驾驶证，并且经销店复印留存后方可允许其试驾。

二、试乘试驾前

试乘试驾前销售顾问应该做两件事情：试乘试驾邀约和试乘试驾概述。

1. 试乘试驾邀约

主要注意以下三点。

（1）说明商品后销售顾问要主动邀请客户进行试乘试驾。

（2）销售顾问要适时地安排小型试乘试驾活动，积极邀请客户参加。

（3）在展厅或停车场显眼处设置“欢迎您试乘试驾”的指示牌。

2. 试乘试驾概述

将试乘试驾的流程及注意事项事先告知客户可以消除客户的紧张感，帮客户更好体验车辆的性能。概述主要包含以下四个要点。

（1）向客户说明试乘试驾流程，重点说明销售顾问先行驾驶的必要性。

（2）向客户说明试乘试驾路线，请客户严格遵守。

（3）查验客户的驾驶证并复印存档，签署安全协议与相关文件（试乘试驾记录表）。

（4）向客户简要说明车辆的主要配置和操作方法。

三、试乘试驾时

试乘试驾时主要包括客户试乘、换手和客户试驾三部分。

1. 客户试乘

（1）试乘试驾过程应由销售顾问先驾驶，让客户熟悉车内各项配置。

（2）销售顾问先帮客户开启车门，然后快步回到驾驶座位上，主动系好安全带，确认客户是否坐好并系上安全带，提醒安全事项。

（3）若有多人参加试乘试驾，则请其他客户坐在车辆后排座位；同时关注客户情况，询问其乘坐位置是否舒适，并主动帮助其调整椅背或后座扶手，使其乘坐时感觉舒适。

（4）设定好车内空调及音响，同时在进行设定的过程中逐一向客户解释说明。

（5）销售顾问将车辆驶出专用停车区域，示范驾驶。

（6）销售顾问应依据车辆特性，在不同的路段进行动态产品介绍，说明车辆主要性能及特点。

2. 换手

车辆到达规划的行驶路线后，销售顾问可在安全的路段靠边停车，让客户进入试驾环节，需要注意以下事项。

（1）应选择适当的安全地点进行换手。

（2）销售顾问在客户的视线范围内换到副驾驶座。

（3）简单介绍车辆操作方法，一定要介绍变速杆，确认客户已对操作熟悉。

（4）换手时销售顾问应协助客户调整座椅、后视镜等，确认客户乘坐舒适并系好安全带，同时再次提醒客户安全驾驶事项，启动车辆，开始驾驶。

（5）准备不同种类的音乐光盘供客户选择，试听音响系统。

3. 客户试驾

客户试驾时往往比较兴奋，销售顾问在不打扰客户安全行车的情况下可适时提醒客户尝试车辆的不同性能，同时提醒客户注意驾驶安全，具体注意事项如下。

（1）客户试车过程中，以简短交谈为原则，不分散客户驾驶注意力，确保行车安全，让客户静心体会驾驶乐趣。

（2）客户试驾时应播放合适的音乐，音量大小适中。

（3）适当指引路线，引导客户体验不同路况的驾驶感及乘坐感。

（4）不失时机地称赞客户的驾驶技术。

（5）仔细倾听客户谈话，观察客户的驾驶方式，发掘更多的客户需求。

（6）若客户有明显的危险驾驶动作或销售顾问感觉客户对驾驶非常生疏，销售顾问应及时果断地请客户在安全地点停车；向客户解释安全驾驶的重要性，获得谅解；改试驾为试乘，由销售顾问驾驶车辆返回展厅。

四、试乘试驾后

当客户已按照规划的路线试乘试驾后，销售顾问要结合客户试乘试驾的感受适时跟进，以促使客户确认购买。需要注意以下事项。

（1）销售顾问要确认客户已有足够时间来体验车辆性能，不排除客户再度试乘试驾的可能性，现实中往往有些销售顾问急于结束客户的试乘试驾体验，造成了客户的不满。

（2）销售顾问协助客户将车辆停放于指定区域，并引导客户回到洽谈桌。

（3）销售顾问要适当称赞客户的驾驶技术，通过赞美提升客户对车辆的喜爱程度。

（4）销售顾问必须针对客户特别感兴趣的配置再次加以说明，并引导客户回忆美好的试乘试驾体验。

（5）针对客户试乘试驾时产生的疑虑，应立即给予客观合理的说明。

（6）利用客户试乘试驾后，对产品的热度尚未退却，引导客户进入报价商谈阶段，自然促进成交，对暂时未成交的客户，利用留下的相关信息，与其一同填写试乘试驾意见表，并保持联系。

（7）待客户离去后，填写客户信息表，注明客户的驾驶特性和关注点。

任务描述

（1）学生在教师的指导下分为 3 人一组，其中 1 人担任汽车销售人员，其余 2 人扮演客户。

（2）汽车销售人员模拟引导客户完成试乘试驾服务，客户从汽车性能（直线加速、高速过弯、减速行驶、颠簸路段等）中任选两项进行咨询，销售人员完成相关介绍。

（3）扮演客户的同学根据评价表对销售人员进行评分，并指出销售人员存在的问题。

（4）组内交换角色，重新完成实训任务。

（5）随机抽选小组进行公开展示。

实训准备

（1）每组配备手机或平板电脑一台。

（2）西装若干套。

任务评价

活动过程评价如表 1－7 所示，销售人员活动过程评价如表 1－8 所示。

表 1－7 活动过程评价

<table>
<tr><td>班级</td><td></td><td>评分人</td><td colspan="2"></td><td>日期</td><td></td></tr>
<tr><td>序号</td><td colspan="3">评价要点</td><td>分值（分）</td><td>得分（分）</td><td>存在问题</td></tr>
<tr><td>1</td><td colspan="3">试乘试驾环节是否完整</td><td>30</td><td></td><td></td></tr>
<tr><td>2</td><td colspan="3">汽车性能介绍是否有吸引力</td><td>30</td><td></td><td></td></tr>
<tr><td>3</td><td colspan="3">是否与客户同伴进行交谈</td><td>10</td><td></td><td></td></tr>
<tr><td>4</td><td colspan="3">对整体试乘试驾服务是否满意</td><td>20</td><td></td><td></td></tr>
<tr><td>5</td><td colspan="3">是否面带微笑、举止得体</td><td>10</td><td></td><td></td></tr>
<tr><td colspan="4">合计</td><td>100</td><td></td><td></td></tr>
<tr><td colspan="5">评价等级（合计分数 85 分以上为 A，70 ~ 85 分为 B，60 ~ 69 分为 C，60 分以下为 D）
评价人需提出改进意见</td><td colspan="2"></td></tr>
</table>

表 1－8 销售人员活动过程评价

观察要点	销售人员存在的问题
试乘试驾前的服务	
试乘试驾时的服务	
试乘试驾后的服务	

任务拓展与作业

请同学们上网搜索客户试乘试驾体验中，可能会存在的问题，并为该问题写出解决方案。

任务四　报价和签约

任务情境

小林在实习期间，仔细观察其他同事与客户洽谈的场景，发现客户与销售顾问僵持最久的环节就是报价环节。因此小林又去请教店长有关报价的技巧。店长告诉他："在商品说明和试乘试驾以后，客户对车基本满意的话，接下来就是达成购买协议的重要步骤，即报价和签约。一般销售顾问对该步骤最为头痛，这也是最容易功败垂成的步骤。"

任务分析

掌握报价技巧，促成最后交易。

知识储备

销售顾问把握机会，看现场状况，提出有利于双方的条件，是有效成交的基础。

一、报价前异议的处理

在达成协议的阶段，异议处理是一个重要环节。能够妥善处理并解决客户的异议，或是能够了解到客户提出异议的更深层次的原因，让客户满意，对销售顾问进行价格谈判是非常有利的。

（一）客户常见的异议项目

（1）产品方面：包括产品的规格、品质、已售出的数目等。

（2）商业条款：包括付款条件、方式、价格、交车日期等。

（3）服务方面：包括售后服务人员的专业知识及技术、服务态度、维护能力、客户反馈等。

（二）处理异议需要注意的事项

销售人员在处理客户异议时的要点是不要打断客户说话；让客户清楚地表达意见；不要争辩；保持冷静；将异议转换为询问。

二、报价成交

报价成交是整个销售流程中很关键的环节，主要包括报价前的准备、说明汽车商品的价格、制作合同、签约及办理订金手续、履约与余款处理、交车有延误时处理、客户决定不成交时处理等。

（一）报价前的准备

第一，销售顾问确保有一套完整的材料以完成这笔交易。所有的必备文件应用一个写有客户姓名的信封封装。同时准备好所有必要的工具，如计算器、签字笔、价格信息和利率表等。

第二，了解其他品牌店的竞争情况，了解潜在客户基本信息，确定客户正确的姓名、工作、家庭地址和联系电话。确定谁是名义上的购买者以及由谁支付款项。

第三，注意收集其他有关信息，包括对成交具有影响力的人、重要时间、客户居住条件的变化等。

（二）说明汽车商品的价格

报价商谈是在销售顾问和客户建立充分信任后展开的，通常关系到能否顺利成交，同时，客户的异议会在这个阶段产生。因此销售顾问应该详细解释所有相关文件，并考虑客户的实际需求和其所关心的问题。同时要注意相关报价技巧的应用，比如三明治式的报价技巧：总结一些客户关心的、能打动客户的优势，这些优势针对的是客户的主要购买动机；明确地报出价格；强调一些可能会超出客户期望的、适合客户的利好消息。

客户对价格的商谈是很敏感的，此时销售顾问要准备充分。

（1）请客户确认所选择的车型，对保险、按揭、一条龙服务等手续代办的意向。

（2）根据客户需求拟定销售方案，制作商谈文本。

（3）对报价内容、付款方式及各种费用进行详尽易懂的说明，耐心回答客户的问题。

（4）说明销售价格时，再次总结商品的主要配置及客户利益。

（5）利用上牌手续及费用清单，详细说明车辆购置程序和支付流程。

（6）必要时重复说明，并确认客户完全明白。

（7）让客户有充分的时间自主审核销售方案。

（三）制作合同

制作销售合同要与客户一起，正确填写相关的内容，主要注意的点如下。

（1）请客户确认报价内容。

（2）检查库存状况，合理安排交车时间，并取得客户认可。

（3）准确填写合同中的相关资料。

（4）与销售部长就合同内容进行确认并得到认可。

（5）协助客户确认所有细节，并致谢。

（四）签约及办理订金手续

签约及办理订金手续的过程是整个销售过程中最关键的，销售顾问要集中精力，要点如下。

（1）专心处理客户签约事宜，谢绝外界一切干扰，暂不接电话，表示对客户的尊重。

（2）协助客户确认所有细节，请客户签字后把副本交给客户。

（3）销售人员带领客户前往财务部门，并确认往来发票。

（4）合同正式生效后，销售人员应将合同内容录入经销商的销售管理系统中。

（五）履约与余款处理

签约以后销售顾问不要冷落客户，相反更应该关注客户，需要注意以下几点。

（1）销售人员根据实际情况与客户约定交车时间。

（2）客户等车期间，保持与客户的联络，让客户及时了解车辆的准备情况。

（3）销售人员确认配送车辆后，提前通知客户准备好余款。

（4）销售人员进行余款交纳的跟踪确认，直至客户完成支付。

（5）签约后交车前销售顾问携带驾驶员手册拜访客户。

（6）若等车期间恰逢节日，邮寄一份小礼物表示心意。

（六）交车有延误时处理

如果因故不能按约定的时间给客户交车，一定要注意下面的事项。

（1）第一时间通知客户，表示歉意。

（2）告知解决方案，取得客户认同。

（3）在等待交车期间，应与客户保持联络，让客户及时了解车辆的准备情况。

（七）客户决定不成交时处理

如果客户因故决定不成交，销售顾问应注意以下事项。

（1）销售顾问应了解客户的疑虑，再逐一说明确认，同时应站在客户立场，不得对客户施加压力，应给客户足够的时间及空间考虑。

（2）销售顾问可根据客户需求，进行专业引导，解决客户的疑虑，再次总结并说明自己产品及服务的优点。

（3）销售顾问应根据客户的基本资料，制订后续追踪计划。

（4）当客户选择其他品牌的产品时，销售顾问应婉转请求客户告知选择其他品牌的原因。

三、价格谈判

价格谈判的目的是让销售顾问确保所在展厅的汽车价位，一旦价格降低，哪怕只是一次，那么，在以后的销售过程中就很难再提升到原来的价位。

价格谈判在议价成交、达成协议的过程中起着至关重要的作用。一般而言，客户对轻易获得的让步永远持怀疑的态度，对合理且坚定的价位，较易产生认同感。故在价格谈判中，除非已经非常确定市场行情，否则应先以建议售价为出发点，再提供公司的促销价格，最后才考虑其他的让价或提供赠品的做法。

所以应付杀价的能力也成为销售顾问必备技能之一。应付杀价的方法相当多，对不同类型的人应用不同的方法对待。

（一）客户杀价心理

客户为什么会杀价呢？其实是有一些心理作用在“作怪”，销售人员了解客户的杀价心理对于应对客户的杀价很有帮助，常见的客户杀价心理如下。

（1）贪小便宜的心理：希望以比别人低的价格买到好东西。

（2）怀疑的心理：对任何的价格，都怀疑其真实性。

（3）害怕吃亏的心理：害怕受骗，害怕买贵了。

（4）炫耀的心理：告诉别人，自己很会买东西，能以较便宜的价格买到相同产品。

（5）试探的心理：总是要杀一杀价，以探询底价。

（6）习惯性心理：买东西一定要杀价。

（二）应付客户杀价的原则

在客户进行杀价时，销售人员要把握以下两个原则。

（1）立场要坚定、态度要诚恳、措辞要委婉。

（2）要有充足的耐心，千万不能让客户离开谈判桌，拂袖而去。

（三）应付客户杀价的方法

在实际的销售工作中，销售人员积累了较多的行之有效的方法。但在具体使用这些应付杀价的方法前，销售人员应先了解客户是否真正喜欢所推销的产品，喜欢的程度又有多深。了解这些后才能让这些方法在整个价格谈判的过程中起主导作用。

1. 闪避法

先将一些敏感话题避开，谈些别的，不要针锋相对，要从价格转移到产品的价值上来。

例："×××先生，您放心！我们的价格肯定公道，您女儿昨天也来帮您看过了，觉得很满意，您需要什么时候到货呢?"

2. 赠品法

将价格问题转变为赠品问题。公司可先准备促销的大礼包。当然，很可能所有的4S店都会有大礼包，对客户来说没有太大吸引力。然而，大礼包也可以有不同的送法，如礼包中的物品可根据客户需要重新搭配，可以送与汽车有关的，当然送些与汽车无关的也无妨。主要在于销售顾问是否能够准确捕捉到客户喜欢的东西。

3. 差异化法

强调自己的服务与别人不同。即使全世界的4S店的产品、赠品、加装的配件都一样，但是销售人员的服务是差异化的，硬件可以很容易地被模仿，软件却不能，服务中的一个微笑、一个动作都是不易被模仿的。例如，一个客户想要购买一辆丰田车，并不是因为丰田的总裁是谁，而是因为丰田的品牌、丰田的质量、丰田的口碑。而要想客户在销售人员的展厅内购买汽车，销售人员所要做的就是展示专业服务，展示自己能够协助他买到最合适的汽车的能力。

4. 成本分析法

将产品的成本结构分析给客户听，如有销售顾问的奖金、公司的日常开销、运输费等各种费用，将这些成本分析给客户听，使客户了解价格的合理性。

5. 细分法

将所要求的折扣，以10年、5年或一定期限分摊，变为每天一个小小的数额，降低客户的价值感。

例：客户要求便宜3000元，将其除以3年，每年为1000元。1000元除以12个月约等于每月83元，再除以30天约等于每天2.8元。告诉客户，每天2.8元即可享用绝佳的产品，实在太值得了。

6. 推脱法

销售人员将不能降价的理由推给别人。

例："×××先生，公司的规定就是这样，说实在的我也很愿意再便宜一些。可是这辆车从推出到现在一直都是这个价呢!"

7. 故事法

说个故事给客户听。

例："×××先生，昨天也有一位先生提到这个问题，他也觉得×××轮胎寿命不长，不过当时正好有另一位客户在场，该客户就正在使用这种轮胎，表示该轮胎并没有像大家说的那样寿命短，反而非常耐用!"

8. 证明法

拿出别的客户的合同书给杀价的客户看。可以拿与他购买相同产品的客户的合同，让他相信别人也是以同样价格购买的，或是之所以其他人的价格便宜了一点，是因为其中更换了一个配件。

9. 总包法

以一个总价来包括所有客户需要的服务项目。

例："×××先生这样吧，总计××元，我帮您从出货到交货全流程通通做好，其他再没有什么费用了！"

10. 转移法

要求客户购买别的产品或特价产品，转移其注意力。

例："×××先生，要算便宜一些，没有问题，但您买另一款产品好吗？×××先生，相同型号的便宜一些的其他款也有，您要不跟我到后面仓库去看一下。"

虽然上面介绍了可以应对客户杀价的方法，但实际工作中尽量不要给客户杀价的理由，想一想，在销售人员的生活中，去肯德基吃份套餐，去咖啡店喝杯咖啡，去火车站买车票，是否也会想要杀价呢？当然不会。是怎样的原因使销售人员在这样的场所消费不会想到去杀价呢？为什么去商场买个电器，或是去数码城买相机，就会自然地想要杀价呢？是否能够让销售人员所在的4S店成为客户不会想要杀价的地方呢？

四、达成交易

如果销售人员给出关于折扣的直接承诺或者对某种可能的结果进行暗示，那么以厂家建议零售价为议价起步并不困难。如何才能更好地达成交易呢？比如，在报价并建议成交后保持沉默等待客户的答案，递给客户一支钢笔，不要移开视线或者显得惴惴不安，用轻松的目光看着客户的眼睛，充分利用订货表。

任务描述

（1）学生在教师的指导下分为2人一组，1人扮演汽车销售人员，1人扮演客户。

（2）所有学生先完成实训任务书。

（3）根据实训任务书进行角色扮演，模拟处理汽车销售过程中的客户异议。

（4）扮演客户的同学填写评价表，为销售人员做出评价。

（5）组内交换角色，重新完成实训任务。

（6）随机抽选小组进行公开展示。

实训准备

每组配备手机或平板电脑一台。

任务评价

实训任务书如表 1－9 所示，活动过程评价如表 1－10 所示。

表 1－9　　实训任务书

以下是客户在购买汽车过程中提出的 5 个异议，如果你是销售人员该如何处理这些客户异议呢？请在相应位置写出你的回答。可借助互联网搜索相关资料辅助回答。

（1）客户："我有个同事就是开的这款车，听他说油耗有点大。"

导购员：____

____

（2）客户："我朋友给我推荐了另一款车，我也挺喜欢的，这辆车我也挺喜欢的，我回去再跟家里人商量商量吧！"

导购员：____

____

（3）客户："你们的车跟某品牌的车差不多，不过价格高出很多。"

导购员：____

____

（4）客户："我来你们店好几次了，我是诚心想要，你再打个折我就买了。"

导购员：____

____

（5）客户："我要低配的就行，其他的到时候再说吧。"

导购员：____

____

表 1－10　　活动过程评价

<table>
<tr><td>班级</td><td></td><td>评分人</td><td></td><td>日期</td><td></td></tr>
<tr><td>序号</td><td colspan="2">评价要点</td><td>分值（分）</td><td>得分（分）</td><td>存在问题</td></tr>
<tr><td>1</td><td colspan="2">对异议处理是否满意</td><td>30</td><td></td><td></td></tr>
<tr><td>2</td><td colspan="2">销售人员是否始终面带微笑</td><td>20</td><td></td><td></td></tr>
<tr><td>3</td><td colspan="2">销售人员举止是否得体</td><td>20</td><td></td><td></td></tr>
<tr><td>4</td><td colspan="2">是否正确引导客户成交</td><td>20</td><td></td><td></td></tr>
<tr><td>5</td><td colspan="2">销售人员是否耐心服务</td><td>10</td><td></td><td></td></tr>
<tr><td colspan="3">合计</td><td>100</td><td></td><td></td></tr>
<tr><td colspan="4">评价等级（合计分数 85 分以上为 A，70～85 分为 B，60～69 分为 C，60 分以下为 D）
评价人需提出改进意见</td><td colspan="2"></td></tr>
</table>

任务拓展与作业

关于暗示促成客户交易的话术有哪些？请写出至少 5 句能在销售过程中暗示促成客户交易的话，可以借助互联网进行资料收集。

（1）________________

（2）________________

（3）________________

（4）________________

（5）________________

任务五　车辆交付

任务情境

西安奔驰车漏油事件在全国引起了不小的轰动，原本交车是客户最兴奋、最开心的时刻，却演变成一场闹剧。吸取这次事件中的经验教训，小林决心一定要把好车辆交付这一关。

任务分析

为客户提供交车服务。

知识储备

交车是最令客户兴奋的时刻，调查发现，车辆交付是经销店在销售过程中关注较薄弱的一步。为此，在交车开始时就要一一完成对客户的承诺。培养忠诚客户由此开始，良好的交车过程能提升客户满意度，令客户对交车过程留下深刻的印象，并为售后跟踪联系做铺垫。

车辆交付主要有六个关键点，分别描述如下。

（一）交车前的准备

第一，销售人员委托售后服务部门进行 PDI 检测（交付前检查）并签字确认。

第二，销售顾问再次确认客户的付款条件和付款情况，以及对客户的承诺事项。

第三，销售顾问电话联系客户，确认交车时间，并告知交车流程和所需时间，征得客户认可。

第四，在展厅门口设置交车恭喜牌，将交车区场地打扫干净，设置告示牌。

第五，清洗车辆，保证车辆内外美观整洁，车内地板铺上保护纸垫。

第六，重点检查车窗、后视镜、烟灰缸、备用轮胎和工具，校正时钟，调整收音机频道等。若车辆配有NAVI（车辆导航）系统，则设定经销店的位置。

第七，在待交车辆油箱内加注1/4箱燃油。

第八，通知相关人员交车仪式的时间和客户信息，确认出席人员。

（二）交车时的客户接待

由于销售顾问之前与客户已经建立了友好的关系，此时做接待工作应该更加热情。

第一，交车客户到达时，销售顾问预先到门口迎接，态度热情，如客户开车到达，销售顾问应主动至停车场迎接。销售顾问在迎接客户时需保持微笑，并恭喜客户本日提车。

第二，恭喜客户，并立刻为客户挂上交车贵宾证（针对不同车型分别设计）。

第三，销售顾问可先邀请客户至交车区看新车，然后告知客户尚有手续要办，并引领客户至洽谈桌。

第四，每位员工见到戴有交车贵宾证的客户，立刻道喜祝贺。

（三）费用说明及文件交付

费用说明及文件交付可能要花费客户一定的时间，销售顾问要提前跟客户说明，同时注意以下事项。

（1）销售顾问将客户引导至洽谈桌，说明交车流程及所需时间。

（2）出示客户轿车确认表，并说明其作用。

（3）解释各项费用的清算，做好上牌手续和票据交付。

（4）解释车辆检查、维护的日程，重点介绍提醒首次保养的服务项目、公里数和免费维护项目。

（5）利用保修手册说明保修内容和保修范围。

（6）介绍售后服务项目、服务流程及24小时服务热线。

（7）移交有关物品，如用户手册、保修手册、购车发票、保险手续、行驶证、车辆钥匙等，并请客户确认。

（四）车辆验收与操作说明

（1）销售人员陪同交车客户进行车辆检查。

（2）销售人员利用新车交接确认表，以简单易懂的语言进行车辆说明。

（3）销售人员利用驾驶员手册介绍如何使用新车。

（4）销售人员利用安全注意事项进行安全说明。

（5）协助客户确认所订购的礼品、附属件，告知赠送的燃油量。

（6）确认所有事项后，与客户核对交车过程及文件确认表和新车交接确认表，并请客户签字确认。

（五）交车仪式

手续办理和车辆检查完毕后，举行一个有意义的仪式可以给客户留下美好的记忆，同时可以提高客户对品牌的满意度，举行仪式一定要用心、热情，不要应付客户，注意的要点如下。

第一，介绍销售部部长、服务部部长或其他人员与客户认识。在交车过程中，为服务部门创造服务需求，并有效地将客户适当转移到服务部门，是销售顾问最大的责任。销售顾问与服务人员像是共生的个体。销售以服务为起点，而服务又为销售顾问创造二次销售的契机。在良性循环中，销售业绩的提升指日可待。其实，介绍服务部门相关人员给客户，有时反而会替销售顾问节省相当多宝贵的时间。由单人服务变成整体服务除了可以节省时间外，更创造了许多服务契机。

第二，向客户赠送鲜花，拍摄纪念照，另外，可向客户及其家人赠送小礼物。

第三，经销店有空闲的工作人员参与交车仪式，鼓掌以示祝贺。

（六）与客户告别

交车仪式完毕后，当客户离开经销店时，销售人员一定要与客户告别，并适时留下客户的联系方式，切忌此时冷落客户，应注意的要点如下。

（1）销售顾问应确认客户的联系方式，并简述后续跟踪内容。

（2）客户离开时，销售经理、售后经理、售后服务人员和销售顾问应在展厅门外送别客户，直到客户开着车远离服务人员团队视线为止。

（3）客户离去后，销售顾问应及时整理客户资料。

（4）预估客户到达目的地的时间，致电确认安全到达。

任务描述

（1）学生在教师的指导下分为 4 人一组，1 人扮演汽车销售人员，2 人扮演客户，1 人作为观察员。

（2）组内练习为客户提供交车服务，具体情境如下。

李先生一个月前在这里签了订单，主要是作为他上下班代步工具使用，下周他订的新车即将到店，李先生预约了周二上午 10 点到店提车，李先生和他的女朋友将一起到店取车。

（3）扮演客户的同学填写评价表，对销售人员做出评价。

（4）观察员负责录制实训短片或拍摄照片提交给老师，针对销售人员不规范的地方给出指导。

（5）组内交换角色，重新完成实训任务。

（6）随机抽选小组进行公开展示。

实训准备

（1）西装若干套。

（2）保修说明、新车交接确认表等文件道具。

（3）点钞券若干，销售票据若干。

任务评价

活动过程评价如表 1－11 所示。

表 1－11　　活动过程评价

<table>
<tr><td>班级</td><td></td><td>评分人</td><td colspan="2"></td><td>日期</td><td></td></tr>
<tr><td>序号</td><td colspan="3">评价要点</td><td>分值（分）</td><td>得分（分）</td><td>存在问题</td></tr>
<tr><td>1</td><td colspan="3">热情接待客户</td><td>10</td><td></td><td></td></tr>
<tr><td>2</td><td colspan="3">正确进行费用说明和文件交付</td><td>20</td><td></td><td></td></tr>
<tr><td>3</td><td colspan="3">正确进行车辆验收和操作说明</td><td>20</td><td></td><td></td></tr>
<tr><td>4</td><td colspan="3">介绍客户与服务人员认识</td><td>10</td><td></td><td></td></tr>
<tr><td>5</td><td colspan="3">有一定的交车仪式</td><td>20</td><td></td><td></td></tr>
<tr><td>6</td><td colspan="3">正确与客户告别</td><td>20</td><td></td><td></td></tr>
<tr><td colspan="4">合计</td><td>100</td><td></td><td></td></tr>
<tr><td colspan="5">评价等级（合计分数 85 分以上为 A，70～85 分为 B，60～69 分为 C，60 分以下为 D）
评价人需提出改进意见</td><td colspan="2"></td></tr>
</table>

任务拓展与作业

很多 4S 店的交车仪式千篇一律，请为客户设计一场有特色的交车仪式。

任务六　汽车售后服务

任务情境

在店长的帮助下，小林在门店的表现越来越熟练，已经完全摆脱了刚进店的不知所措。今天店长告诉小林："客户取车了并不意味着汽车销售就结束了，我们还要做好售后服务，实现口碑效应，以期老客户介绍新客户……"

任务分析

为客户提供售后服务。

知识储备

一、售后跟踪

售后跟踪是保持客户忠诚的重要内容，也是收集客户购车情报、导入潜在客户开发的主要内容。优秀的销售人员都拥有自己相对稳定的客户关系网络，并根据客户的重要等级确定与其保持沟通的频次，以维系一种相互信赖的关系，而这种关系正是销售人员赖以成功的秘诀。

在整个售后跟踪中，打追踪电话是关键的一环。

1. 售后跟踪的准备

（1）查阅客户基本信息，确认重点内容包括姓名、电话、购买车型及相关情况等。

（2）销售人员在交车后 3 日内给客户发感谢信，并电话致谢，确认车辆使用情况。

（3）联络后将客户信息在管理系统中进行录入，并归档保存。

（4）销售人员在交车后根据约定的时间与客户电话联系，询问车辆情况，通知免费车检，客户进行首保后，将客户信息卡转交售后服务部门管理。

2. 与客户关系的维系

销售顾问应制订客户跟踪管理计划。用电话、短信、微信或电子邮件与客户保持联系，关心客户的用车情况；交车后每 3 个月应主动联系客户，了解其使用状况；每次跟踪后将客户信息填入客户信息管理卡，及时更新；主动请客户提供可能的潜在客户购买信息；若有相关促销活动，主动热情地邀请客户参加。

二、客户投诉

（一）售后服务投诉类型

客户取车以后，也可能会由于种种原因而投诉。售后服务投诉主要有以下几种类型。

（1）服务质量问题：服务人员在服务客户时，未能达到客户的期望值，如服务态度不好、怠慢客户、举动轻率等。

（2）售后索赔问题：未明确沟通保修索赔条件等。

（3）产品质量问题：设计、制造或装配不良所产生的质量缺陷。

（4）维修技术问题：如因维修技术欠佳，出现一次未能修好的情况。

（二）处理客户投诉的方法

处理投诉的基本方法是先处理心情，再处理事情。

（1）安抚客户：真诚接待、安抚人心。

（2）积极倾听、了解客户意向。

（3）表现出同理心：认同客户情感，表示负责处理。

（4）准备、了解客户以往来店记录，调查产生投诉的过程，分析客户投诉产生的原因。

（5）了解客户的需求和真实意图。

（6）提出有选择的解决方案。

（7）寻求客户支持和认同。

（8）执行商定的解决方案：明确处理方式与时限，向客户汇报处理过程，请客户核验和评价。

（9）后续跟踪，总结经验。

任务描述

（1）学生在教师的指导下分为 3 人一组，1 人扮演汽车销售人员，1 人扮演客户，1 人担任观察员。

（2）组内练习客户投诉处理，具体情景如下。

王先生买了新车一个月以后，发生了一次小碰撞，当时在非厂家 4S 店进行了修理，一周以后王先生发现车子抖动比较厉害，路况不平的时候车后部还有异响。于是王先生开车来到 4S 店，找到销售人员进行投诉。

（3）观察员负责录制实训短片或拍摄照片提交给老师，针对销售人员不规范的地方给出指导。

（4）其他同学在扮演客户时必须对销售人员提供的服务做出评价。

（5）随机抽选小组进行公开展示。

实训准备

每组配备手机或平板电脑一台。

任务评价

活动过程评价如表 1－12 所示。

表 1－12　　　　活动过程评价

<table>
<tr><td>班级</td><td></td><td>评分人</td><td></td><td>日期</td><td></td></tr>
<tr><td>序号</td><td colspan="2">评价要点</td><td>分值（分）</td><td>得分（分）</td><td>存在问题</td></tr>
<tr><td>1</td><td colspan="2">是否安抚了客户</td><td>20</td><td></td><td></td></tr>
<tr><td>2</td><td colspan="2">是否认真聆听客户的投诉</td><td>20</td><td></td><td></td></tr>
<tr><td>3</td><td colspan="2">是否提出有效的解决方案</td><td>20</td><td></td><td></td></tr>
<tr><td>4</td><td colspan="2">客户是否满意销售人员的处理过程</td><td>20</td><td></td><td></td></tr>
<tr><td>5</td><td colspan="2">是否面带微笑，举止得体</td><td>20</td><td></td><td></td></tr>
<tr><td colspan="3">合计</td><td>100</td><td></td><td></td></tr>
<tr><td colspan="4">评价等级（合计分数 85 分以上为 A，70～85 分为 B，60～69 分为 C，60 分以下为 D）
评价人需提出改进意见</td><td colspan="2"></td></tr>
</table>

任务拓展与作业

销售人员进行汽车销售的流程具体可以分为哪六步？请列举在下方。

（1）____________________

（2）____________________

（3）____________________

（4）____________________

（5）____________________

（6）____________________

项目四　综合训练

任务情境

在店长的耐心指导下，小林已经懂得了汽车销售的六个步骤，小林不再像之前那样茫然、不知所措了，他热情地接待着每一批客户，能与客户友好沟通，店长对他的表现很满意。通过学习，你是否也可以独立完成汽车销售任务了呢？

任务分析

汽车销售模拟训练。

知识储备

汽车销售流程六步骤。

（1）客户接待。

（2）车辆展示与介绍。

（3）提供试乘试驾服务。

（4）报价和签约。

（5）车辆交付。

（6）汽车售后服务。

任务描述

（1）学生在教师的指导下分为 4 人一组，其中 2 人为一起选购汽车的客户，1 人为汽车销售人员，1 人是观察员。

（2）模拟完成一次汽车销售，包括从客户进店到客户取车回到家的全部过程。

（3）观察员仔细观察汽车销售人员的表现，完成实训任务书的填写。

（4）观察员根据评分表给出评分。

（5）组内交换角色进行汽车销售训练。

实训准备

（1）每组配备手机或平板电脑一台。

（2）每人准备一套服饰。

任务评价

实训任务书如表1－13所示，活动过程评价如表1－14所示。

表1－13　　实训任务书

实训任务书
（1）客户扮演者的姓名是什么？
（2）该客户的需求是什么？
（3）汽车销售人员向客户推荐了几款车型？你认为恰当吗？
（4）客户对汽车销售人员推荐的产品有何反馈？
（5）汽车销售人员对于客户提出的问题是如何处理的，你认为是否恰当？

表1－14　　活动过程评价

班级	观察员		销售人员	
序号	评价要点	分值（分）	得分（分）	存在问题
1	客户接待	20		
2	车辆展示与介绍	20		
3	提供试乘试驾服务	10		
4	报价和签约	20		
5	车辆交付	10		
6	汽车售后服务	10		
7	全程面带微笑，举止得体	10		
合计		100		
评价等级（合计分数85分以上为A，70～85分为B，60～69分为C，60分以下为D） 评价人需提出改进意见				

任务拓展与作业

利用周末或假期寻找汽车销售类工作，将所学的知识和技能运用到实践中，上传兼职期间的工作照片，并上交一篇300字以上的实践心得。

模块二　房地产营销

项目一　售楼前准备

任务一　了解房地产行业知识

任务情境

小丽刚应聘进入一家房地产楼盘担任实习置业顾问，接下来就是为期 3 天的新员工培训，经理给她的第一个任务就是了解房地产行业知识，所有新员工在培训结束后要进行房地产行业知识测验。

任务分析

（1）了解房地产整体概念。

（2）了解房地产市场的分类。

知识储备

一、房地产整体概念

房地产是房产和地产的总称，包括土地和土地上永久建筑物及其所衍生的权利。

（一）房产

房产是指有墙面和立体结构，能够遮风避雨，可供人们在其中、学习、工作、娱乐、居住或贮藏物资的场所。

住宅建筑物：可细分为普通住宅、高级公寓、花园别墅等。

生产用房：社会各类物质生产部门作为基本生产要素使用的房屋，包括工业、交通运输和建筑业等生产活动中所使用的厂房、仓库、实验室等。

办公用房：政府行政部门、事业部门、社会团体以及企业公司等处理日常事务和从事社会经济活动、提供服务的房屋，又称写字楼。

其他楼宇：以上各类楼宇以外的各种用途的房屋，如外国驻华机构用房、宗教用房等。

（二）地产

地产指能够为其权利人带来收益或满足其权利人工作或生活需要的土地资产。

地产类型如下。

居住用地：住宅区内的居住建筑本身用地，以及与建筑有关的道路用地、绿化用地和相关的公共建筑用地。

工业用地：主要指工业生产用地，包括工厂、动力设施及工业区内的仓库、铁路专用线和卫生防护地带等。

仓库用地：专门用来存放各种生活资料和生产资料的用地，包括国家储备仓库、地区中转仓库、市内生活供应服务仓库、危险品仓库等。

交通用地：城市对外交通设施用地，包括铁路、公路线路及相关的防护地带等用地。

市政用地：用于建造各种公共基础设施的用地，包括城市供水、排水、道路、桥梁、广场、电力、电信、供热等基础设施用地。

商业服务用地：整个城市或小区各种商业和服务业的用地，包括商店、超级市场、银行、饭店、娱乐场所等用地。

公共绿化用地：城市区域内的公园（如森林公园）、道路及街心的绿化带等占用的地产。这类用地主要是为改善城市生态环境和供居民休憩所用。

教科文卫设施用地：这类用地包括各类大、中、小学校，独立用地的科学研究机构、实验站、体育活动场所、卫生医疗机构等地产。

（三）土地所有权

它指土地所有者对土地占有、使用、收益和依照国家法律作出处分，并排除他人干涉的权利。土地所有权包括国家土地所有权和农民集体土地所有权。

（1）国家土地所有权。

国有土地包括城市市区的土地，农村和城市郊区已经依法没收、征收、征购为国有的土地，国家未确定为集体所有的林地、草地、荒地、滩涂及其他土地等。

国家是国家土地所有权的唯一主体，用地单位或个人对国有土地只有使用权，没有所有权。

（2）农民集体土地所有权。

农村和城市郊区的土地（法律规定为国家所有的除外）、宅基地、自留地、自留山，集体土地所有权的主体是农村居民集体经济组织。

（四）土地使用权

它指土地使用者根据法律、文件、合同的规定，对国家或集体所有的土地享有的占用、使用、收益以及部分处分的权利。各类土地使用权期限如图 2－1 所示。

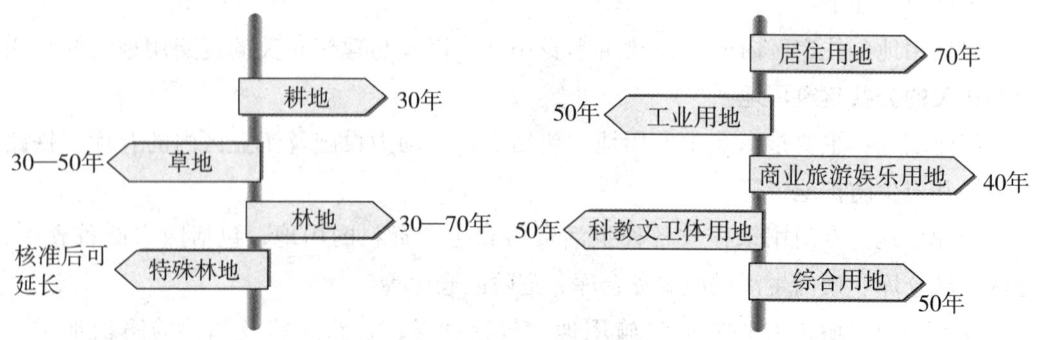

图 2－1　各类土地使用权期限

二、房地产市场

房地产一级市场（俗称土地市场）：土地交易市场，是土地所有者与使用者间的纵向交流市场。

房地产二级市场（俗称楼盘开发）：房地产经营者与房地产使用者的纵向流通市场。

房地产三级市场（俗称二手房交易）：房地产所有者将房地产使用权或所有权再转让的市场，是消费者间的横向交易市场，属于消费市场的重新配置。

房地产市场的对比如表 2－1 所示。

表 2－1　房地产市场的对比

	一级市场	二级市场	三级市场
市场主体	政府、开发企业	开发企业、业主	业主
市场客体	国有土地使用权	增量商品房	存量商品房，已售旧公房、私房
交易方式	拍卖、招标、挂牌、协议	出售、出租等	买卖、租赁、交换等

三、销售手续“五证二书”

五证：建设用地规划许可证、国有土地使用证、建筑工程规划许可证、建筑工程施工许可证、商品房销售（预售）许可证。

二书：住宅质量保证书、住宅使用说明书。

四、七通一平

七通一平是指基本建设中前期工作的道路通、给水通、电通、排水通、热力通、电信通、燃气通及土地平整等的基础建设。七通是现代化城市最基本、必须具备的条件，是造就优美环境的基础，是城市开发建设的重要内容和城市建设赖以迅速发展的先决条件。

五、容积率

容积率是指一个小区的总建筑面积与用地面积的比率。容积率越高，表示土地的利用率也就越高。

对于开发商而言，容积率决定地价成本在房屋中占的比例。理论上讲，对同一小区而言，容积率较小，则房价较高；容积率较大，则房价较低。

对于住户而言，容积率直接涉及居住的舒适度。容积率越大，居民的舒适度越低；容积率越小，居住密度越小，相对越舒服。

容积率对居住的影响如下。

（1）人口密度。

高容积率的住宅项目意味着小区内房子建得多，必定会带来高密度的居住人口，最终导致小区内居住人口的生活舒适度下降。

（2）内部规划问题。

高容积率住宅对土地使用率的过分追求令小区内的楼层比较高，绿地比例也会相应减少，从而影响居住区内的生活环境和品质。

（3）安防问题。

居住密度大，出入的人会比较多，外来人员混入其中的难度也会相应降低很多。这就对高容积率住宅的安防系统提出了更高要求。

六、绿地率

绿地率是居住区用地范围内各类绿地的总和与居住区用地的比率。计算绿地率时，对绿地的要求非常严格，并不是所有长草的地方都能算作绿地。

任务描述

（1）学生根据所学知识独立完成实训任务书。

（2）组内进行讨论，补充相应的回答。

（3）随机抽取小组同学进行答案展示，其他小组进行答案补充。

（4）根据实训情况完成评价表。

任务评价

实训任务书如表 2－2 所示，活动过程评价如表 2－3 所示。

表 2－2 实训任务书

请同学们思考并独立完成下列练习。

（1）地产和土地的区别？

（2）地产的一般特征？

（3）与地产有关的经济行为（可以理解为相关行业职业）有哪些？

（4）如何才能获得土地使用权呢？

（5）哪些因素会对房价产生影响？高房价对于我们的生活影响到底有多大？

（6）七通一平指的是________

（7）绿地率对居住环境有什么影响？

表 2－3 活动过程评价

班级		评分小组成员			
序号	评价要点		分值（分）	得分（分）	存在问题
1	对应题目答案准确		40		
2	展示的同学肢体动作得体		20		
3	语句表述通顺易懂		30		
4	声音洪亮，发言清晰		10		
合计			100		
评价等级（合计分数 85 分以上为 A，70～85 分为 B，60～69 分为 C，60 分以下为 D） 评价人需提出改进意见					

任务二　了解商品房专业知识

任务情境

实习置业顾问小丽在了解房地产行业基础知识后，有了初步认识，但是在营销中心现场学习的过程中，发觉还对很多专业术语及概念不够了解，于是小丽就向小组长请教了有关商品房的专业术语及概念。

任务分析

了解商品房的专业术语及概念。

知识储备

一、期房与现房

期房一般指在建的、尚未完成建设的、不能交付使用的房屋。开发商从取得商品房预售许可证开始至取得房地产权证（大产证）为止，在这期间的商品房称为期房，消费者在这一阶段购买商品房时应签预售合同。

现房是指消费者在购买时具备即买即可入住条件的商品房，即开发商已办妥所售房屋的房地产权证（又称大产证）的商品房，与消费者签订商品房买卖合同后，立即可以办理入住并取得房屋产权证。只有拥有房屋所有权证和土地使用权证才能称为现房。

二、住宅建筑形态分类

低层住宅：1—3 层；在城市里，多表现为别墅；在农村、乡镇，一般为普通民房。由于楼层总数为 1—3 层，住户能更加亲近自然，居住的舒适度、私密性均比较好。其缺点是不利于土地资源利用率提高，在城市里购买这类房子，价格比较高。

多层住宅：4—6 层；多层住宅一般一层两户，每户都能实现南北自然通风，基本能实现每间居室的采光要求。多层住宅可以不设置电梯，楼梯往往作为多层住宅的主要上下楼通道，一般二、三楼价格较高。也有少数设置电梯的多层小区，一般统称为多层洋房，通常次顶层价格最高。

小高层住宅：7—11 层；其平面布局类似于多层住宅，一层两户且公摊面积小。

高层住宅：楼层总数 12 层及以上，但楼栋高度小于 100 米的住宅；高层住宅的优点是可以节约土地，增加居住人口。高层住宅建筑形态有板楼、塔楼和板塔结合。因为建筑结构和建筑形态（点状居多）的局限，房型设计难度大，要做到每套室内全明、采光通风良好是有很大难度的。

超高层住宅：楼栋高度超过100米的房屋，一般楼层总数为33层以上；超高层住宅的楼面地价最低，但其房价却不低。超高层建筑由于高度突出，多受人瞩目，因此在外墙面的装修上档次也较高，造成其成本很高。

三、房型分类

1. 单元式住宅

单元式住宅也叫梯间式住宅，一般为多层住宅采用，是一种比较常见的类型。住宅平面布局紧凑；住宅内公共交通面积少；户间干扰不大，相对比较安静；可保持一定的邻里交往，有助于改善人际关系。户内生活设施完善，减少了住户之间的相互干扰。

2. 公寓式住宅

多数为高层住宅，每一层内有若干的套间。公寓式住宅户型一般较小，在30～60平方米。交房时需要精装修，卖点是拎包入住，并且提供高于一般产权房的物业服务和优良的配套设施。

3. 错层住宅

错层住宅是指一套住宅室内地面不处于同一标高，一般把房内的厅与其他空间以不等高形式错开，但房间的层高是相同的。

错层住宅更有层次感和档次；房子动静分明；视觉上会有更开阔的效果；为室内踏步增加了障碍；家中的老人及儿童应极其注意安全；但是抗震方面较差。

4. 复式住宅

在较高的楼层中增建一个夹层，其下层供起居用，如炊事、进餐、洗浴等；上层供休息睡眠和储藏用。

复式住宅居住和会客有空间感，感觉很时尚；省地、省工、省料又实用；一部分户型朝向不佳，自然采光较差；层高较低，压抑；隔音、防火功能差。

5. 跃层式住宅

一套住宅占两个楼层，有内部楼梯联系上下层；一般在首层安排起居、厨房、餐厅、卫生间，最好有一间卧室，二层安排卧室、书房、卫生间等。

跃层式住宅采光面积较大，通风较好；布局紧凑，功能明确；相互干扰较小；每两层才设电梯平台，可缩小电梯公共平台面积。

6. 花园洋房式住宅（别墅）

别墅是指在郊区或风景区建造的舒适式园林住宅，一般拥有私家车库、花园、草坪、院落等。别墅因为独特的建筑特点，设计跟一般的居家住宅设计有着明显的区别。

设计别墅不但要进行室内的设计，还要进行室外设计。

四、房屋面积（建筑面积）

购买面积（销售面积）是按照建筑面积进行计算的，一套房的建筑面积 = 套内建筑面积 + 分摊的共有公用建筑面积（见图 2 - 2）。

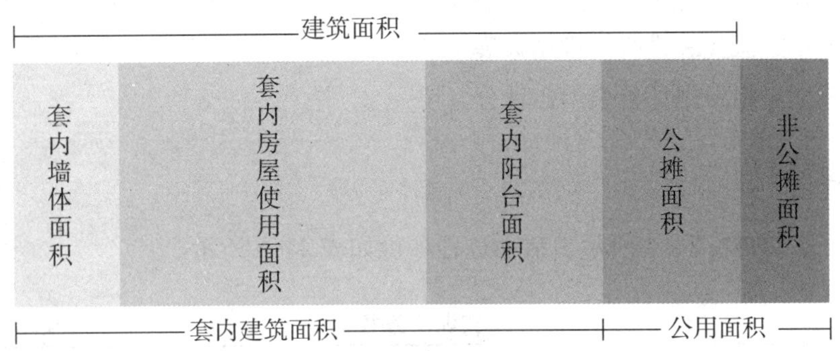

图 2 - 2　建筑面积

1. 套内建筑面积

（1）套内房屋使用面积。

其又叫“地毯面积”（净面积），就是把屋内所有地面全铺上地毯，能铺多大面积的地毯，就是多大的套内使用面积。

套内使用面积为套内卧室、起居室、过道、厨房、卫生间、储藏间、壁柜等空间面积的总和。

套内楼梯按自然层数的面积总和计入使用面积。

不包括在结构面积内的套内烟囱、通风道、管道井均计入使用面积。

内墙面装饰厚度计入使用面积。

（2）套内阳台面积。

必须本层有上盖且有围护结构（栏杆）的阳台才计算面积。比如阳台在三楼，但是它的盖子却是五楼的地面延伸出来的就不算面积。

封闭阳台：按投影面积全部计入套内建筑面积。

封闭阳台是采用实体栏板作围护，栏板以上用玻璃等物全部围闭的阳台。但是必须是具有规划审批文件或者规划部门审批合格的施工图的封闭阳台才能计入。

半封闭阳台：按投影面积的一半计入套内建筑面积。

未封闭的阳台是建筑物室内的延伸，是居住者呼吸新鲜空气、晾晒衣物、摆放盆栽的场所。

2. 公摊面积（以幢为单位进行分摊）

公共区域：包括电梯井、管道井、楼梯间、垃圾道、变电室、设备间、公共门厅、过道、地下室。

服务用房：值班警卫室，以及为整幢楼服务的公共用房和管理用房的建筑面积。

任务描述

（1）学生在教师的指导下分为 4 人一组，完成实训任务书，根据图片区分房型，并总结相应房型的优缺点。

（2）各小组派代表进行实训结果展示。

（3）其他小组根据评价表给出评分。

任务评价

实训任务书如表 2－4 所示，活动过程评价如表 2－5 所示。

表 2－4　实训任务书

（1）请仔细对比三张图片，分析三张图片所属的房型，将对应的房型写在下面方格中。

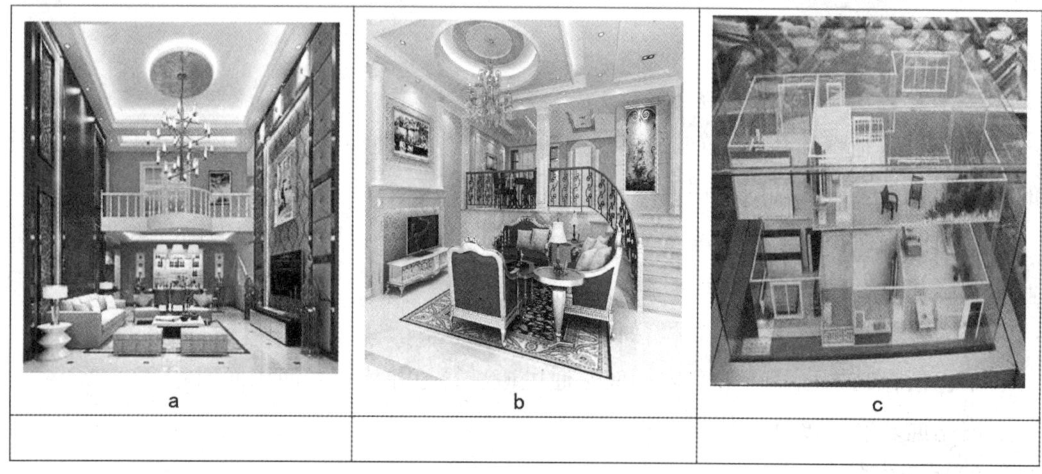

a	b	c

（2）请写出图片对应的房型的优缺点。

a：

____

b：

____

c：

____

表 2－5　　活动过程评价

班级		评分小组成员			
序号	评价要点	分值（分）	得分（分）	存在问题	
1	图片对应的房型回答正确	15			
2	相应房型的优缺点分析准确	30			
3	展示的同学肢体动作得体	20			
4	语句表述通顺易懂	20			
5	声音洪亮，发言清晰	15			
合计		100			
评价等级（合计分数 85 分以上为 A，70 ~ 85 分为 B，60 ~ 69 分为 C，60 分以下为 D） 评价人需提出改进意见					

任务拓展与作业

（1）请分析期房与现房的优缺点。

（2）非公摊的公用面积有哪些？

任务三　项目介绍

任务情境

售楼人员小丽辛辛苦苦地向客户做了详细的楼盘介绍，最后客户竟然问：“你们楼盘到底有什么优势啊？”听了这话，小丽非常沮丧。因为她已经把楼盘的优点倒背如流，对于楼盘优势如数家珍。可是客户还是不认可，小丽也陷入了思考。

任务分析

（1）需要了解楼盘常见优点：地段、环境、配套、建筑规划特色、开发商实力、物业管理、价格及付款方式和升值潜力。

（2）能利用 FAB（特性、优点、利益）法则为客户进行楼盘介绍。熟记 FAB 法则句式，并灵活运用。

知识储备

一、楼盘优点归纳

1. 地段

对楼盘所处区域的实际情况从不同的角度加以分析，主要可依据以下几个方面。

（1）与市区的距离，如五分钟车程等。

（2）附近居民的生活水平。

（3）附近的重要市政设施。

（4）政府对所在地的行政定位（包括规划）。

（5）交通的便利性（如靠近主干道、附近有多少条公交线路等）。

（6）所在地的未来发展趋势等。

2. 环境

这里的环境包括区域环境（大环境）和小区环境（小环境）。

3. 配套

这里的配套包括楼盘附近与小区内的各种配套设施。

周边的文化配套设施（公共文化、教育、体育场所，如文化馆、体育馆、学校、音乐厅、电影院、书城等）。

小区内的文化配套设施（幼儿园、健身场所等）以及银行、商场等其他生活配套设施。

4. 建筑规划特色

建筑规划特色是当今房地产市场上的一个主流卖点，主要体现在优雅的外立面、新型的建筑材料和创新的户型设计上。

5. 开发商实力

随着企业和消费者品牌意识的不断加强，开发商实力越来越重要。开发商实力主要体现在开发商信誉、过往开发情况、开发商的资金实力上。

6. 物业管理

良好的物业管理服务对于客户来说是非常有吸引力的。客户考察物业的要素涉及物业管理公司的资质及知名度、管理方法、保安队伍和服务等。

7. 价格及付款方式

没有卖不出去的房子，只有卖不出去的价格。价格优点不单单体现在低价上，还可以体现在灵活的付款方式、诱人的折扣等方面。

8. 升值潜力

以投资为目的的购房者越来越多。如果项目处于一个正在发展中的区域，那么其巨大的升值潜力肯定是一个大卖点。

二、FAB 法则

其标准句式是因为（特性）……从而有（优点）……对您而言（利益）……你看（证据）……

客户在打算购房时，可能会走访十几个不同的楼盘，进行多方面的比较，因此，客户以其不专业的眼光所看到的可能会是同质性的一面较多。售楼人员应重点向客户推介自己楼盘特有的东西。这些特有的东西，在专业销售中被称作特性或卖点。在推介时，应将楼盘的特性转化为利益，因为客户关注的是自身的利益！在这方面，FAB 法则能帮助售楼人员有效地将利益传达给客户。

1. FAB 法则是什么

它是进行产品介绍时常用的一种法则，即按一定的逻辑顺序将所推销产品的特性、优点转化为即将带给客户的某种利益，充分展示产品最能满足和吸引客户的某一方面。

（1）特性。

产品的特性是指产品的独特之处，也就是其他产品所不具有的某种优势。每一样产品都有它的特性，关键是从哪个角度去发现它，例如：从材料着手，衣服的特性有棉质、毛质、丝质等；而从样式着手，衣服的特性有正装、休闲装等。

对于售楼来说，产品的特性，指的就是楼盘的卖点。在现在的房地产市场上，楼盘卖点多如牛毛，比如地段、园林景观、智能化设施、优良的物业管理、独特的建筑外立面、开发商的品牌等。

（2）优点。

产品的优点是指产品的特性所表现出来的直接功能效果，也就是从产品特性衍生出来的优势所在。比如，对于棉质（特性）的衣服来说，其优点就是吸汗；对于毛质（特性）的衣服来说，其优点就是保暖；而对于丝质（特性）的衣服来说，其优点就是轻。

同样，对于售楼来说，产品的优点就是楼盘的卖点所表现出来的优势所在。比如，以地段作为卖点的，其优点就是地理位置佳、交通便利；以园林景观作为卖点的，其优点就是空气清新、生活环境优美；以智能化作为卖点的，其优点就是安全、便捷；以优良的物业管理作为卖点的，其优点就是提供全方位的生活服务；等等。

（3）利益。

产品的利益是针对客户而言的，就是产品的特性所能满足客户的某种特殊需求，或者说产品的特性、优点所能使客户享受到、感受到的某种好处。比如，对于毛质（特性）的衣服来说，其优点就是保暖，而其带给客户的利益就是可以御寒。

从售楼来说，产品的利益就是楼盘的特性（卖点）和优点（优势）所能够满足客户的某种需求，或让客户享受到、感受到的某种好处。比如，以园林景观作为卖点的楼盘，其优点就是空气清新、生活环境优美，而其给予客户的利益就是让客户生活在一个优美的环境中，从而保持身心健康。

2. FAB 法则句式的运用

从上面的分析中可以看出，FAB 法则其实是一种针对不同客户的购买动机，把最符合客户要求的产品利益向客户加以推介，讲明产品的特性、优点以及可以为客户带来的利益的一种销售法则。

事实上，特性、优点和利益是贯穿于产品介绍的，在产品介绍中，这些要素形成了诸如"因为……所以……对您而言……"的标准句式。

特性：因为……

优点：所以……

利益：对您而言……

（1）"因为……"

"因为……"说的是产品的特性，它回答了产品是什么，具有什么特点的问题。比如，"（因为）它采用的是转换层结构……"

（2）"所以……"

"所以……"介绍了产品的优点，它解释了产品的特性，即能做到什么。比如，"（因为）它采用的是转换层结构，（所以）每一户部是隐梁隐柱，宽敞的房间里看不见一条梁和柱，这种设计是很气派的……"

（3）"对您而言……"

"对您而言……"告诉客户产品将如何满足他们的需求，也就是购买该产品所能得到的利益。比如"（因为）它采用的是转换层结构，（所以）每一户都是隐梁隐柱……（对您而言）带来的实用率是最高的，即实用面积更大……"

如果能够很好地运用 FAB 法则，那么售楼人员将会发现在售楼活动中进行项目介绍十分容易。合理方法的使用，不但能让项目介绍更为顺畅有条理，而且可以使客户充分感受到楼盘的特性所能带来的好处，从而让客户认为这个楼盘确实合适。

任务描述

（1）学生在教师的指导下分为 4 人一组。

（2）根据《居周刊》和网络资料，找到 1 个或 2 个楼盘介绍，运用 FAB 法则句式，针对客户写出话术。

客户：儿子小韦，26 岁。母亲宋女士，52 岁，帮助儿子买房，拟作婚房。儿子对设计和配套要求比较高，喜欢精装房，母亲关注性价比和品牌。目前家里已经有一套住宅、一套写字楼。网上了解过后，儿子与母亲一同过来看房，户型、价格合适可定房。

介绍话术：____

____

____

____

（3）组长组织小组成员进行组内角色扮演。

（4）教师随机从不同小组抽取小组成员扮演各种角色，运用 FAB 法则进行楼盘介绍。

（5）其他成员观察和记录同学的表现，给出评价。

实训准备

《居周刊》、A4 纸、任务书、手机。

任务评价

活动过程评价如表 2－6 所示。

表 2－6　活动过程评价

班级		评分小组成员		
序号	评价要点	分值（分）	得分（分）	存在问题
1	运用标准句式	30		
2	语速适中	20		
3	接待礼仪规范	30		
4	应变能力强	20		
合计		100		
评价等级（合计分数 85 分以上为 A，70～85 分为 B，60～69 分为 C，60 分以下为 D） 评价人需提出改进意见				

任务拓展与作业

客户：吴先生，35 岁左右，开公司。有一个儿子，上幼儿园。吴太太（姓宋），30 岁左右，与丈夫一起经营公司，主管财务。现住江南地区，关注学区、配套设施和交通便利程度，考虑换房。

请将下面的话术背诵下来，做到熟能生巧。

售楼人员：“吴先生，您是第一次来吧？”

客户：“是的。”

售楼人员：“那我先给您介绍一下我们项目的总体情况吧。”

客户：“好的。”

售楼人员：“吴先生，您刚刚说您去苏州旅游了一趟，不知道您对苏州园林感觉如何？”

客户：“挺漂亮的，生活在那里真是不错。可惜，咱们这里虽然被评为花园城市，但是生活居住的小区环境都太单调了，缺少一些生活情趣。”

售楼人员：“那您来我们这里就对了。我们这里的园林景观就是以苏州园林为蓝本设计的。”（注：展示项目的特性——苏州园林特色景观设计。）

客户：“哦，真的吗？”

售楼人员：“是真的。我们公司也正是看到这里人居环境的一些缺陷，特地聘请了××景观设计公司进行设计的，其设计风格与苏州园林相似。我带您到那边看看我们的园林景观效果图。”

客户：“好的。”

售楼人员：“提起江南，大家都会不约而同地想到当地极具特色的水景，我们的园林景观设计也是从‘水’这一主要元素入手，充分运用了点、线、面相结合的设计手法。点就是这些布置于楼间的小型水景，如流水槽、小涌泉等，形式各异；线就是贯穿住宅区南北的狭长水系，蜿蜒曲折，宛如舞动的水带；面是指位于绿地中央的开阔型水面，它紧邻中心活动广场，周围种植桃树、柳树，水面种植荷花等水生植物，打造出一派江南风光。”

（注：说明园林景观设计的独到之处，也就是优点。）

客户：“嗯，还真有点儿江南风味。”

售楼人员：“您再看看这个，就是我们根据本地气候特征所创造出的新版‘玫瑰花界、潭西渔隐、荷蒲熏风’等‘江南十景’。”

客户：“这应该是我在这里看到的园林景观做得最好的一个项目了。”

售楼人员：“是啊，居住环境的好坏对我们的身心健康影响太大了。如果您买了这里的房子，那您就不用经常跑到苏州去旅游度假了。生活在这样充满灵气、鸟语花香的环境中，您想不快乐都不行啊。”

项目二　售楼基本流程

任务一　迎接客户

任务情境

置业顾问小丽踏实肯干，吃苦耐劳。每当客户来到售楼处，她就按照销售流程，兴致勃勃地为客户讲解楼盘的情况。可是，有些客户面对热情的置业顾问却丝毫“不领情”，而是以一句“我随便看看”回应她。对此，置业顾问小丽该如何接近这些客户呢？

任务分析

（1）能够通过寒暄，让客户产生好感。

（2）能运用标准流程接待客户，留下客户资料：姓名、联系方式、职业、年龄等。

（3）有礼有节进行自我介绍。

知识储备

一、售楼基本流程

接听售楼热线—迎接客户—寒暄—介绍项目—推荐户型—带看现场—处理客户异议—暂未成交与填写客户资料表—客户追踪—议价与守价—促成交易—签约—正确处理客户换房、退房—成交之后的客户服务。

二、迎接客户前的准备

（1）置业顾问佩戴好工作牌、准备好名片。

（2）检查销售讲义夹内销售及辅助资料是否准备齐全。

（3）检查售楼中心的销售资料摆放顺序是否一致。

（4）检查销售中心场地是否整洁干净。

（5）检查上班前的仪容仪表是否合格。

三、迎接客户要点

1. 主动接待客户，注重细节

（1）客户进门，每一个看见的销售人员都应主动招呼“欢迎光临”，提醒其他销售人员注意。

（2）销售人员立即上前，热情接待。如下雨，帮助客户收拾雨具、放置衣帽等。

（3）通过主动招呼，区别客户真伪，了解客户所在的区域和从什么媒体渠道了解到本楼盘的。

（4）询问客户是否与其他销售人员联系过，如果是其他销售人员的客户，请客户稍等，由该销售人员接待；如果不是其他销售人员的客户或该销售人员不在，应热情为客户做介绍。

注意事项如下。

第一，销售人员应仪表端正，态度亲切。

第二，接待客户或 1 人，或一主一辅，以 2 人为限，不要超过 3 人。

第三，若不是真正的客户，也应注意现场整洁和个人的仪容仪表，随时展示良好的形象，达到口碑相传的效果，并照样提供一份资料，简单而又热情招待。

2. 寻找合适的话题进行寒暄

寒暄的话题可以多种多样，任何能够让客户开口说话的都可以用来作话题。不过，这些话题最好是客户感兴趣的，用客户感兴趣的话题，可以让他多说一些话，从而多提供一些信息。

这些话题包括天气、气候；新闻、时事；客户所在区域的社会、人文特点；衣食住行；家庭、子女教育。

当然，有一些话题是不应该在初次见面时就谈论的，比如容易与客户产生争执的话题；社交礼仪中忌讳的缺点和弱点（比如长相、胖瘦、年龄、婚姻、残疾等）；容易令人不愉快的话题（比如股票下跌、下岗、经济危机）；任何人的坏话；等等。

参考话术如下。

（1）接待单身男青年客户。

售楼人员：“您好，欢迎光临××花园。先生，请这边坐。”

客户：“不用了，我随便看看。”

售楼人员：“先生，看您这身材，是不是经常运动啊？”

客户：“还好吧，没事经常和朋友去打打篮球。”

售楼人员：“难怪啊，您看起来这么强壮。我们这个楼盘靠近体育馆，以后您打篮球可方便了。”

客户："嗯，我就是想找找这一带的房子，还可以经常看看球赛的。你们这有 120 平方米左右的三居室吗?"

（2）接待老年客户。

售楼人员："您好，欢迎光临××花园。先生，请问您想看看什么样的户型呢?"

客户："我就是随便看看。"

售楼人员："先生，听您的口音，好像是北方人吧?"

客户："嗯，我是山东的。"

售楼人员："巧了，我媳妇也是山东的。山东现在很冷了吧？前几天我媳妇打电话回家，说那边最近大幅降温，都开始穿毛衣了。"

客户："是呀，还是南方暖和，我们想退休后来这里生活，所以想先看看哪个楼盘住起来舒适点。"

售楼人员："是呀，南方很适合养老，前几天我刚接待了一位来自东北的客户，他买了一套 2 号楼的三居室。先生，您准备买几居室呢?"

3. 积极探寻客户需求，并登记信息

与客户闲聊是置业顾问了解信息的最好时机，置业顾问对客户的了解不仅限于购房需求，需要多方面、全方位地了解，了解的客户信息越多，就越容易把房子卖给他，但对于客户各方面的信息进行了解时不能太直白地发问，这种单刀直入的方式会让客户顿感压力，觉得置业顾问别有用心。

置业顾问可在不经意间谈及某方面的话题，向客户提问，这样会让客户觉得非常自然，从而形成愉悦的谈话氛围。置业顾问也可以表明，了解情况是为了帮助客户更好置业（保障客户置业的利益），以此化解客户的压力，此外，置业顾问可以通过赞美客户等方法，让客户在愉悦心情中回答提问。

要全方位了解的客户信息内容如下。

（1）客户个人资料（姓名、电话、联系地址，越详细越好）。

（2）客户家庭情况（家庭人口、婚姻状况、家庭收入、是否有小孩及老人、小孩是否在读书等）。

（3）工作情况（工作行业、单位、工作地点、个人职位、收入等）。

（4）客户居住情况（现居住地、居住面积及户型、居所取得形式、对现居所满意的地方、不满意的地方等）。

（5）客户购房需求（包括购房动机、已明确的各种需求、购买时间等）。

（6）购买决策情况（购房资金来源及构成情况、谁是关键决策人等）。

（7）客户对市场的了解情况，如看过哪些楼，对这些楼的感觉如何。

（8）客户其他情况（如个人爱好、经常接触的社交圈等，在与客户沟通时，可多聊客户感兴趣的话题）。

任务描述

（1）见到客户置业顾问第一句话该说些什么？请根据以下情况，模拟接待客户的开场白。

情境一：接待第一次来访的客户。

____

情境二：接待之前来访过的客户。

____

（2）请模拟××售楼中心的一名置业顾问在此处接待客户的情景，并收集客户信息。

第一，教师挑选一组学生根据客户信息扮演客户，其他的学生分为4或5人一组。

客户信息如下：客户刘小姐在朋友张先生的陪同下来到售楼部，刘小姐28岁左右，张先生40岁左右。之前刘小姐来电咨询过优惠政策。刘小姐单身，爱好旅游，比较关注户型、配套设施和物业服务，心里接受首付上限价格为20万元。张先生主要陪同刘小姐看房及提供意见，张先生现在住其他小区。张先生觉得这里的投资型小户型挺好，地段和配套设施比较不错。

第二，小组各成员根据客户登记表（见表2－7），设计接待问题，完成接待并填写客户登记表，需有一名同学担任摄像，录下接待的全部过程。

表2－7　客户登记表

客户进店时间		接待人员	
客户称呼			
客户年龄			
客户家庭背景			
客户买房需求			
客户工作背景			
客户联系方式			
其他需求信息			

第三，扮演客户的同学对置业顾问进行评分。

第四，观看各小组的视频，教师与学生一起总结迎接客户的要点。

实训准备

《居周刊》、客户信息、客户登记表（每小组一份）。

任务评价

活动过程评价如表 2－8 所示。

表 2－8　活动过程评价

评价人		置业顾问		
序号	评价要点	分值（分）	得分（分）	存在问题
1	仪容仪表符合职业特点	10		
2	自我介绍简洁、有特点	15		
3	找到合适的话题与客户寒暄	15		
4	合理引导客户说出购房需求	40		
5	服务到位	10		
6	应变能力强	10		
合计		100		
评价等级（合计分数 85 分以上为 A，70～85 分为 B，60～69 分为 C，60 分以下为 D） 评价人需提出改进意见				

任务二　沙盘介绍

任务情境

很多人问："看房是去楼盘看什么？"其实看房第一件事不是看样板间，是看沙盘。沙盘是让购房者接触楼盘的第一手信息，也是开发商不惜重金去包装的内容。置业顾问小丽在接待刘小姐和张先生的过程中，了解到刘小姐和张先生都对这个楼盘有较大的兴趣，小丽决定趁热打铁向客户详细介绍整体项目情况。

任务分析

（1）学会看懂沙盘结构。

（2）掌握沙盘介绍的话术。

（3）根据楼盘区位图进行楼盘介绍。

知识储备

一、了解沙盘

沙盘是按照一定的规划比例缩小而成的一个用以展示楼盘整体平面或立体结构的空间模型。

置业顾问在与客户寒暄的过程中，将客户引领到项目沙盘处，介绍整体项目，判断客户购买意向及喜欢的户型。介绍沙盘之前，置业顾问必须先熟悉所销售项目的地理位置、交通、周边情况等。

沙盘介绍目的在于让客户对整个楼盘有一个全面、形象的了解，从而吸引客户对本楼盘产生购房兴趣。介绍沙盘只是引导客户接受置业顾问对楼盘的介绍而不是说服客户。介绍过程中要富有激情，抑扬顿挫。介绍沙盘要先给客户指出所在的位置，然后由大方向到小方向推进介绍。突出项目卖点，吸引客户，做到有详有略。

二、楼盘沙盘介绍思路

楼盘环境如图 2－3 所示。

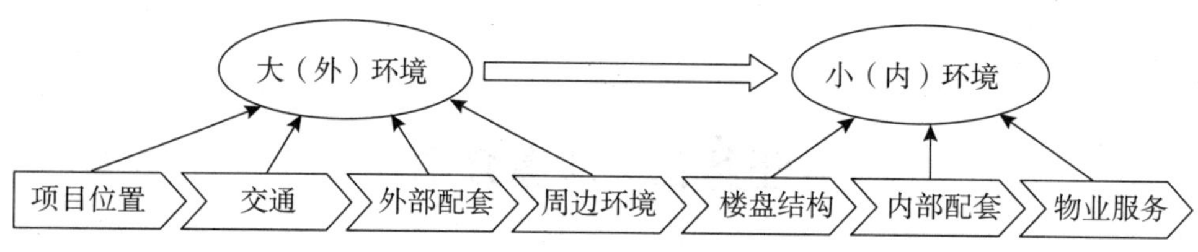

图 2－3　楼盘环境

沙盘介绍顺序及话术如下。

（1）确定方位（项目位置、客户所在位置）。

“××项目是由××房地产开发有限公司投资开发的，耗资 8 亿元精心打造的集商铺、住宅、办公楼、休闲娱乐场所于一体的高档综合性项目。”

“这是我们××小区的整体规划，这边是××路，那边是××路，这里是××公园，我们的售楼处在这边，那边是正在发售的××小区二期。”

（2）介绍规划（占地，开发期次，配套设施）。

“我们项目总面积××平方米，分为几大板块，内设有幼儿园、喷泉广场……（内部配套、结构）。”

（3）介绍进度。

“本项目分为三期开发，第一期今年一月已经入住；现在出售第二期，准现楼发售；第三期九月开始动工，预计明年发售。”

（4）项目特点。

“我们××小区最大的特点是容积率低、密度小……”

“我们××小区是全市独有的普罗旺斯风情小区，由国际顶尖设计师公司设计。”

“我们××小区的首层全部架空，且层高近5米，因此公共空间更加宽敞。”

（5）简单总结。

“像我们这种大规模、高档次的住宅小区，在本地是数一数二的，在交通、购物、上学等方面都非常方便。”

任务描述

（1）以A楼盘为例，播放置业顾问对该项目规划介绍的视频。学生看完视频能说出该商品的优点、配套设施。

（2）教师展示B楼盘附近交通图。学生在教师的指导下，通过观察以及上网搜索相关资料，为该楼盘写一份沙盘介绍词。（要求：①不少于200字；②介绍内容包括总体规划、交通配套、户型、内外部环境等）

（3）教师随机选取3名学生上台进行介绍演示，其余学生根据评价要点进行评分，教师总结演示情况。

实训准备

A楼盘项目规划介绍视频、房地产基础介绍视频、B楼盘的区位图。

任务评价

活动过程评价如表2－9所示。

表2－9　　活动过程评价

班级		评分小组成员		
序号	评价要点	分值（分）	得分（分）	存在问题
1	楼盘信息内容准确	30		
2	沙盘介绍要点全面	40		
3	声音洪亮	20		
4	应变能力强	10		
合计		100		
评价等级（合计分数85分以上为A，70～85分为B，60～69分为C，60分以下为D） 评价人需提出改进意见				

任务拓展与作业

（1）学生课后继续完善沙盘介绍词，并录制沙盘介绍音频上交至学习通平台。

（2）收集 B 楼盘的三张户型图。

任务三　推荐户型

任务情境

行不行，看户型，户型好坏直接影响居住舒适度的高低。买房时，大家都非常重视对户型的选择。有些人对户型并不了解，置业顾问小丽接受房地产基础知识培训，努力学习选户型的一些基本常识，以便更好为客户服务。

任务分析

（1）能看懂户型图上常见的户型符号。

（2）学会判断户型朝向、通风采光情况、面宽、进深和功能分区。

（3）能根据户型图总结出户型的优缺点。

知识储备

一、户型图的标志符号（见图 2－4）

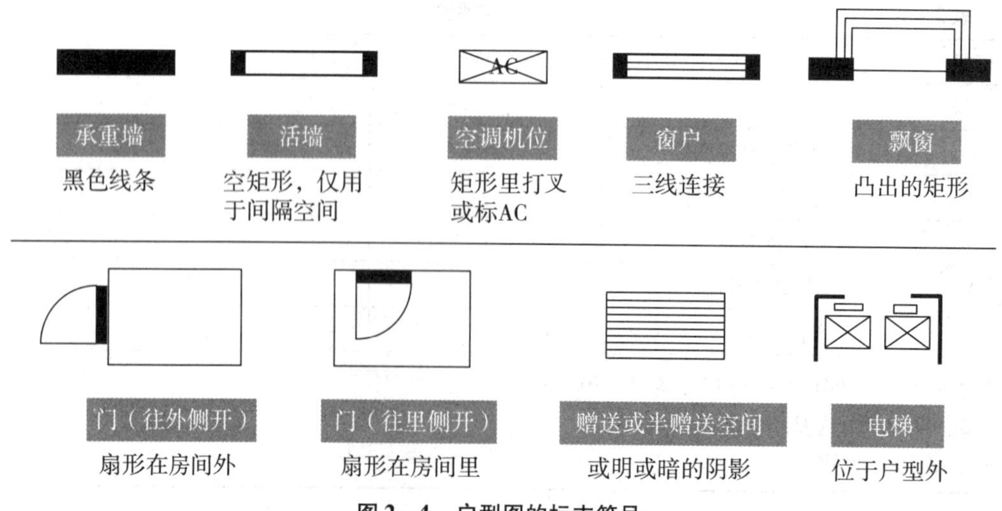

图 2－4　户型图的标志符号

二、朝向

朝向是指建筑物、房屋或者门窗坐落的方向。一般按照“主要空间确定朝向”的原则进行判定。

房屋朝向的判定方法如下。

(1) 先根据指向标分清南北。

(2) 看客厅和主卧的窗户（阳台）朝向。

(3) 具体判断房屋朝向。

第一，客厅、主卧的窗户都朝南——朝南。

第二，客厅和主卧的窗户朝向不一致——“先厅后卧”。

第三，一栋楼的朝向一般是指采光面最大的地方所在的方位。

第四，一般主阳台所在的方位就是这栋楼的朝向。

(4) 朝向排序（根据各地区经纬度不同，最佳朝向也不同）。

各朝向特点如图 2－5 所示。

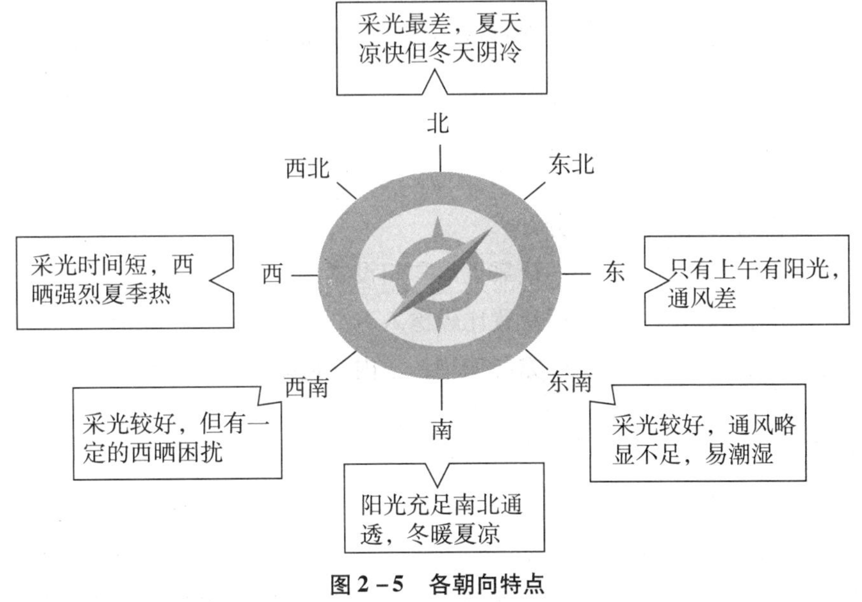

图 2－5　各朝向特点

三、采光和通风

1. 房屋总体采光原则

(1) 冬天受到太阳直射的时间越长越好，而夏天受到太阳直射的时间越短越好。

(2) 主卧、客厅要保证最好的朝向，朝向好可提高舒适度、节能。

(3) 能享受日照的其他功能区越多越好。

2. 厨房、卫生间的采光与通风

没有窗户的厨房、卫生间易滋生细菌，危害健康，因此一般要求明厨明卫。

（1）必须保证厨房、卫生间、主卧、书房、客厅的通风，当然能通风的其他功能区越多越好。

（2）根据各地风向，主卧、书房、客厅应处于上风口，而卫生间、厨房应处于下风口。

（3）穿堂风往往会在室内留下许多空气流动中的死角，南北直通的户型并不是通风效果最好的，好的户型应该是阻挡风的直线流动并降低一些流速，引导空气流动经过房间的每个角落，减少空气的长期滞留。

四、面宽和进深

面宽（开间）：房间的主采光面。《住宅建筑模数协调标准》规定，开间的范围是2.1—4.2米。

进深：与开间垂直的面。

通俗上理解，有窗户能采光那面墙体的宽度即开间。理论上开间越大，采光越好；与采光面垂直的长度即是进深，进深过深，则不利于采光、通风。

五、功能分区

1. 动静分区

动静分区指活动区和休息区分开。

动区：客厅、餐厅和厨房——应靠近入户门设置。

静区：卧室、书房、主卫——位置比较深入。

动区与静区之间：卫生间——方便使用，室内交通线尽可能便捷。

2. 干湿分区

干区：卧室、客厅。

湿区：厨房、卫生间。

3. 公私分区

动线布置需合理，访客动线应尽量缩短，避免造成对私密空间的影响，家人动线应紧密设计，保证内部交流。

六、正确认识户型的优劣势

1. 户型方正

没有多余的边边角角，没有拐角，空间利用率比较高。异型户型空间利用率低，不方便家具摆放。

2. 南北通透，通风采光

南北通透，通风良好、采光好，可以缓解潮气；室内环境好，长期居住对身体有益。

3. 功能布局合理

餐厅、厨房等活动较频繁的动区都在北侧，卧室等静区都布置在了南侧。针对不同的活动有不同的空间。

4. 其他细节

（1）每个功能室都有窗户，可以通风。

（2）卫生间门与卧室门刚好错开。

（3）卧室外是小花园，风景、空气好。

（4）有落地窗，视野好。

任务描述

（1）学生根据上次收集到的户型图，为刘女士挑选出最适合的户型，进行户型介绍。

（2）学生在教师的指导下分为4人一组，1人扮演置业顾问，2人扮演客户，剩余1人录像，根据户型图进行户型介绍。

（3）扮演客户的学生填写评价表，为置业顾问做出评价。

（4）交换角色，重新完成户型介绍任务。

实训准备

《居周刊》、网络资料。

任务评价

活动过程评价如表2－10所示。

表2－10　　　　**活动过程评价**

班级		评分小组成员		
序号	评价要点	分值（分）	得分（分）	存在问题
1	户型推荐符合客户需求	20		
2	户型介绍要点准确	35		
3	声音洪亮	15		
4	仪态符合职业规范	15		
5	应变能力强	15		

续　表

序号	评价要点	分值（分）	得分（分）	存在问题
合计		100		
评价等级（合计分数85分以上为A，70～85分为B，60～69分为C，60分以下为D） 评价人需提出改进意见				

任务拓展与作业

请学生就各种户型图（见图2－6），如方正户型、狭长户型、不规则户型进行点评。

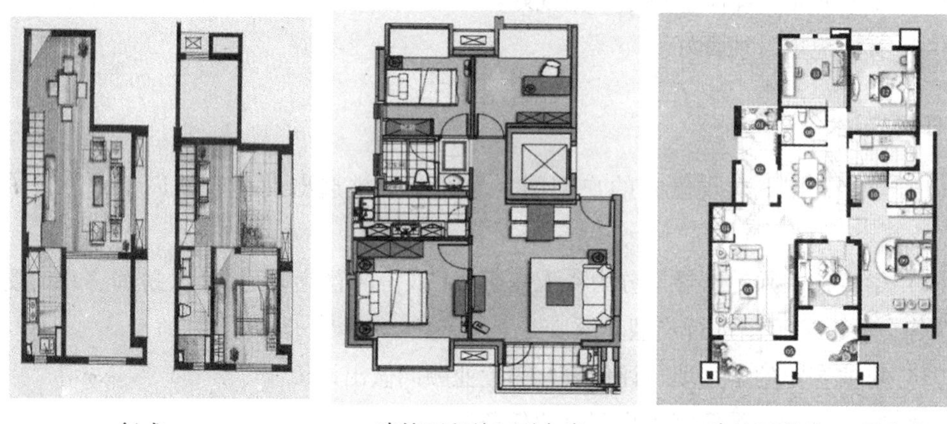

复式，建筑面积约83平方米　　建筑面积约90平方米　　建筑面积约154平方米

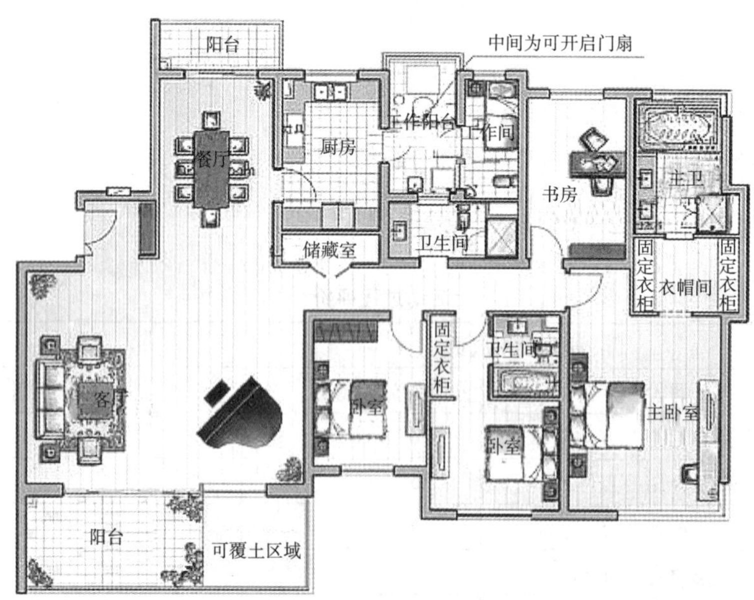

高级公寓，建筑面积约270平方米

图2－6　户型图（组图）

任务四　置业计划书的制订

任务情境

置业顾问小丽在向刘小姐和张先生详细介绍户型后，决定帮助客户制订一份置业计划书，便于客户回家考虑、比较。置业计划书都包含什么内容呢？跟着小丽一起来看看吧。

任务分析

（1）掌握契税、首付、其他购房款项相关知识点。

（2）了解公积金贷款和商业贷款的区别。

（3）根据客户心仪的房源，填写一份完整的置业计划书。

知识储备

买新房的时候人们到底要付哪些款呢？除了人们必须要考虑的房屋总价、首付之外，其实还有一些金额虽不大，但购房时必须要交的费用。平时人们所说的房子总价并不包含这些费用。接下来介绍与购房相关的费用及付款、还款方式。

一、购房费用

1. 首付

首付就是买房时按国家比例第一次支付的最低比例款项。一般购买 90 平方米以上住房，首套房首付不低于总房款的 30%，二套房的首付不低于总房款的 60%。但有以下特例。

（1）对购买唯一住房且建筑面积在 90 平方米以下的，首付款比例最低为 20%。

（2）公积金贷款，首套房首付款比例最低为 20%。

2. 契税

契税是在土地、房屋权属发生转移时，向取得土地使用权、房屋所有权的单位和个人征收的一种税。它是以所有权发生转移变动的不动产为征税对象，向产权承受人征收的一种财产税。

通常在购房时契税应跟着首付款一起缴，不同面积、不同性质的房子税率不等。《中华人民共和国契税法》规定，契税税率为百分之三至百分之五。

3. 住宅专项维修资金

住宅专项维修资金是专项用于住宅共用部位、共用设施设备保修期满后大修、中修及更新、改造的资金，不得挪作他用。住宅共用部位一般包括住宅的基础、承重墙体、柱、梁、楼板、屋顶以及户外的墙面、门厅、楼梯间、走廊通道等；共用设施设备一般包括电梯、消防设施、道路、下水管、非经营性车场车库、公益性文体设施设备及其使用的房屋、监控系统等。

4. 权属登记费

权属登记费是相关部门依法对房屋所有权进行登记，并核发房屋所有权证书时，向房屋所有权人收取的登记费。

具体标准：住房登记收费标准为每件 80 元，非住房房屋登记收费标准为每件 550 元；如果向两个以上房屋权利人核发房屋权属证书时，每增加一本证书加收证书工本费 10 元。

5. 交易手续费

由房地产交易机构为房屋权利人办理交易过户等手续所收取的费用。新建商品房按照 3 元/平方米 × 建筑面积的标准进行收费。房屋买卖双方都要交纳。

二、付款方式

买房可以说是每个家庭的梦想，不管是以怎样的方式，买房的趋势不可阻挡。不过在购房之前，要详细了解一下全款买房和贷款买房的利弊，看看到底哪种方式更适合，让资金达到一个最优的分配方式。

1. 全款（一次性付款）

全款是指一次性付清全费用（包括房产费、物业管理费、相关手续费等）。一次性全款购房，流程简单，能获得折扣，但不是所有购房者都能承担的。

2. 贷款

按揭人将房产产权转让作为抵押，获得银行贷款并依合同分期付清本息，贷款还清后银行归还房产产权，其间按揭人享有房屋的使用权。贷款买房的话，手续复杂，但一次性投入的资金少、风险更小一些。

（1）商业贷款。

商业贷款是以其所购买的产权住房为抵押，作为偿还贷款的保证而向银行申请的住房商业性贷款。

特点：额度较高，但利率也较高。

（2）公积金贷款。

公积金贷款是指缴存住房公积金的职工享受的贷款，国家规定，凡是缴存公积金的职工均可按公积金贷款的相关规定申请公积金贷款。各地住房公积金管理中心运用住房公积金，委托银行发放。

特点：贷款利率较低，但贷款额度有上限，且各城市政策不同。

（3）组合贷款：商业贷款＋公积金贷款。

组合贷款是指符合个人住房商业性贷款条件的借款人又同时缴存住房公积金的，在办理个人住房商业贷款的同时可以申请个人住房公积金贷款。

三、还款方式

1. 等额本息

在还款期内，每月偿还同等数额贷款，包括本金与利息。每月还款额中，本金比重逐月递增，利息比重逐月递减。在还款期内，支付的总利息费用，高于等额本金还款方式。

2. 等额本金

每月还款的金额逐月递减。其中本金部分保持不变，而利息部分逐月递减。把贷款总额等分，每月偿还同等数额的本金＋剩余贷款在该月所产生的利息。

3. 优缺点分析

（1）等额本息。

优点：每月还款额固定，方便还款；借贷人可以准确掌握每月的还款额，有计划地安排家庭支出。

缺点：还款利息多，后期提前还款不划算。

（2）等额本金。

优点：总支出较少，后期提前还款划算。

缺点：每个月还款额不固定，前期负担重。

任务描述

（1）请根据上次任务中为刘小姐推荐的户型，制订一份置业计划书（见表2－11）。提示：可搜索网上的房贷计算器，将房源单价、建筑面积、房贷利率等信息填入，将结果填在置业计划书上。

（2）将填写好的置业计划书上传到指定位置。

（3）各组根据评价要点进行相互评价。

表 2-11　　置业计划书

姓名:______________________________

意向单位一　INTENT UNIT 1

房号:__________　建筑面积:__________　单价:________ 元/平方米

总价:______________________________ 元

付款方式

□ 一次性

折扣:_________　折后单价:________　折后总价:_________元/平方米

□ 银行按揭

折扣:________　折后单价:________　折后总价:__________元/平方米

首付:________元　贷款:_______ 成 _______ 年________万元

月供:________元

相关费用

契税：总房款×____%=_____元（代收代缴费用，按相关政府部门规定缴纳）

注：购房过程中产生的各项费用最终以政府相关规定缴纳。

意向单位二　INTENT UNIT 2

房号:__________　建筑面积:__________　单价:________ 元/平方米

总价:______________________________ 元

付款方式

□ 一次性

折扣:_________　折后单价:________　折后总价:_________元/平方米

□ 银行按揭

折扣:________　折后单价:________　折后总价:__________元/平方米

首付:________元　贷款:_______ 成 _______ 年________万元

月供:________元

相关费用

契税：总房款×____%=_____元（代收代缴费用，按相关政府部门规定缴纳）

注：购房过程中产生的各项费用最终以政府相关规定缴纳。

签约　SIGN CONTRACT

□ 身份证及复印件　□ 户口本及复印件　□ 结婚证明　□ 首付款

□ 认购书及定金收据　□ 配偶身份证及户口本　□ 收入证明

□ 外地户口需提供一年社保或税单（按揭客户）　□ 其他

置业顾问:________　联系方式:________　日期:________（本资料当日有效）

实训准备

网站资料、置业计划书模板、户型图。

任务评价

置业计划书评价如表 2－12 所示。

表 2－12　　置业计划书评价

序号	评价要点	分值（分）	得分（分）	存在问题
1	置业计划书填写完整	30		
2	置业计划书的首付款、单价、贷款额度、贷款年限等信息填写正确	70		
合计		100		
评价等级（合计分数 85 分以上为 A，70～85 分为 B，60～69 分为 C，60 分以下为 D） 评价人需提出改进意见				

任务拓展与作业

请学生就刘小姐提供的资料，重新为她推荐一个户型房源，并填制一份新的置业计划书，便于客户进行对比选择。

项目三　售楼技巧

任务一　电话接听技巧

任务情境

客户打电话到售楼处，通常是为了了解一些情况，以此做出是否前来售楼处洽谈的决定。对此，很多售楼人员觉得左右为难，掌握不了分寸，不知道如何才能吸引客户前来售楼处。小丽在售楼中心工作，也被先安排在前台进行售楼热线接听工作。她今天接听到了想为儿子付首付购买婚房的宋女士的电话，她该如何应答呢？

任务分析

（1）售楼人员尽可能通过电话沟通留下客户资料，如姓名、联系方式、职业等。

（2）能简明扼要地介绍楼盘情况，让客户对楼盘初步产生兴趣，成功邀约客户到售楼处参观。

知识储备

一、接听售楼热线——电话接听六步走

（1）问好，自报家门。

（2）回答客户问题。

（3）主动询问客户信息。

（4）邀请客户前来售楼处看房。

（5）礼貌地结束通话。

（6）填写来电登记。

接听售楼热线的目的是什么？是达成交易吗？当然不是，像买房这样的重大决策，是不可能在电话中达成交易的。只有客户来现场才有可能成交。因此，接听售楼热线的最主要目的就是通过电话沟通让客户对这个楼盘产生兴趣，从而才有可能前来售楼

处参观、洽谈。

在接听电话之前，售楼人员必须熟悉楼盘的实际情况，背熟公司准备好的“项目答客问”等资料。在电话沟通时，则应尽量使用统一的销售口径回答客户提出的问题，绝对不能一问三不知，或敷衍了事、推诿客户。回答问题时，售楼人员应扬长避短，在回答中巧妙地融入卖点，以引起客户的兴趣。

对楼盘感兴趣的客户往往一开始什么情况都想知道，但是如果他在打电话之前就已详细掌握了楼盘的情况，就不会在电话里就项目一个方面一个方面地向售楼人员咨询。所以，说到底接听热线的目的还是让客户兴奋起来，吸引客户到售楼处的现场进行参观。一般情况下，客户的问题主要有以下几类：地点、户型、价格、如何付款、工期等。

二、客户聚焦的问题

1. 关于地点

房地产行业内有一句行话“地段，地段，还是地段”。意思就是说，客户在决定是否购买的时候，通常所考虑的第一要素就是地段。为此，售楼人员必须对楼盘所处的地理位置有一个明确的认识。

售楼人员对于地段，不能只是简单地知道它位于那个区、哪条道路，而是应该对该地段的地理特征了如指掌，甚至包括该地段附近有什么设施、有什么显著建筑物、有哪几条公交线路。

回答关于楼盘地理位置的问题时，售楼人员应掌握相应的技巧。有时候，相同的地理位置，经过不一样的解说，就会产生不一样的吸引力。比如，对于某些地段，如果能补充性地告诉客户“距离××商业中心只有五分钟的车程”“这里的公交线路有十多条呢，××路、××路等都经过这里”，那客户对该地段的认知就会更为深刻，甚至会大大改变之前的固有印象。此外，若楼盘处于较为偏远的地区，还可以以“高教区”“发展方向”“升值潜力”等隐含的优势条件去淡化客户之前对其的不良印象。

2. 关于户型

户型也是客户关注的焦点。地段是对生活大环境的选择，户型则是对居家小环境的选择。不同的客户有不同的需求，有的人由于经济能力等而选择小户型，而有的人则会由于家庭人口而选择大户型。对此，售楼人员不但要清楚楼盘的所有户型，还要掌握各种户型结构知识，并能准确地表述出它们的特点。尤其是一些特殊的、新出现的户型结构，比如复式、跃层等，更应该加以注意。

当客户问到“你们那边有什么户型”时，首先告诉客户户型很多，然后询问客户需要的是哪一种。如果客户犹豫不决，可以试着提建议，直到客户有了较肯定的语气。同时，要记得把这个信息记录下来。

3. 关于价格

一般来说，这是客户最关心的问题。当然，客户也不会直接告诉售楼人员他所能接受的价格是多少。售楼人员可以先说起价，但每套房子的价格因楼层或者朝向等的不同而有所不同。如一套110平方米的房子，单价10000元/平方米，总价110万元，首付33万元，剩下的77万元可以做20年的按揭。

有时候，售楼人员还可以把价格和楼盘的特点结合起来介绍，以给客户更多考虑的机会。如"这样的房子空间很大，户型也比较好，你可以考虑一下"。当把一些具体数据报给客户，而客户进入了深思状态，售楼人员就可以进一步了解客户是否真的能够接受这样的价格。此外，在回答有关价格问题时，可以运用一些简单而有效的心理战术，因为客户通常会对接收到的信息作出直觉反应。比如，对于单价高的小户型，尽量报总价而不报单价；对于单价低的大户型，则应报单价而不报总价。这样，客户对于价格的抗拒心理就会减轻很多。

任务描述

（1）学生登录相关官网，以小组为单位找到1或2个售楼热线，并录音，看专业的售楼人员是如何接听热线的。

（2）根据售楼热线的电话回访进行录音记录。

（3）各组根据评价要点进行相互评价。

实训准备

《居周刊》、A4纸、手机。

任务评价

活动过程评价如表2－13所示。

表2－13　活动过程评价

班级		评分小组成员		
序号	评价要点	分值（分）	得分（分）	存在问题
1	接打电话表达流利、语速适中	30		
2	询问、回答要点明晰	20		
3	记录及时准确	20		
4	会使用封闭式提问	20		
5	应变能力强	10		

续　表

序号	评价要点	分值（分）	得分（分）	存在问题
合计		100		
评价等级（合计分数 85 分以上为 A，70～85 分为 B，60～69 分为 C，60 分以下为 D） 评价人需提出改进意见				

任务拓展与作业

（1）熟悉所在城市的楼市地图，了解各城区主要在售楼盘。

（2）利用课余时间进行实地踩盘或拨打咨询热线，记录接线员的回答要点以及提问要点，如果信息不够完整，请将对话按照所学知识进行整理。

正确接听售楼热线示例。

售楼人员："您好，××售楼处，请问有什么可以帮到您？"

客户："您好，你们那里单价多少？"

售楼人员："小姐，请问您贵姓？"

客户："我姓王。"

售楼人员："您好，王小姐，我姓陈，您叫我小陈就可以了。您也知道，每套房子的价钱都是不一样的，楼层不同、朝向不同、户型不同，价格也都不一样。我们现在是每平方米 16000 元起。"

客户："哦。那你们那儿有 110 平方米左右的小三居吗？"

售楼人员："王小姐，有的，我们这里的三居面积从 108 平方米到 130 平方米都有。请问您是想买小三居吗？"

客户："是的。就是不知道你们那里环境怎么样？"

售楼人员："王小姐，您知道××公园吧？我们项目就在××山脚下，后面就是××公园，可以说公园就在家门口。您不妨来我们售楼处看看，实地了解一下这里的环境。"

客户："好吧。对了，你们什么时候可以交房？要太晚交房我就不去了，我着急入住。"

售楼人员："王小姐，那我先恭喜您了。我们第一期楼盘明年 1 月就可以交房。您看是上午来还是下午来？"

客户："下午吧，上午我还有点儿事。"

售楼人员："好的，王小姐，那我下午会在售楼处专程等候您来。我们售楼处在××公园门口往西 300 米，就在××路与××路交接处。您知道这个地方吗？"

客户："知道。"

售楼人员："好的，为了方便我们联系，我们互留一下联系电话，您看好吗？我的电话是×××××××××××，请问您的电话是？"

客户："好，我的电话是×××××××××××。"
售楼人员："王小姐，我再重复一下您的电话，×××××××××××，对吗?"
客户："没错。"
售楼人员："好的，王小姐，那我们下午见。您到售楼处来，找小陈就可以了。"
客户："好的。"

任务二　异议处理

异议处理一

任务情境

儿子小韦，26岁。母亲宋女士，52岁，帮助儿子买房，拟作婚房。儿子对设计和配套要求比较高，喜欢精装房；母亲关注性价比和品牌。目前家里已经有一套住宅、一套写字楼。网上了解过后，儿子与母亲一同过来看房，户型、价格合适可定房。

作为置业顾问，小丽一直在接待此次来访客户，花费了不少心思。小丽目前已经给客户提供了最低折扣，可是客户还是不满意，小丽觉得很无奈，甚至不知道该如何说服客户签订意向认购书。

任务分析

（1）了解客户少花钱买到最称心的房子的消费心理。
（2）掌握常见的价格异议处理办法。

知识储备

一、几种常见异议

（1）价格异议。
（2）地段异议。
（3）配套异议。
（4）氛围异议。
（5）质量异议。
（6）"我和我丈夫（妻子）商量商量"。
（7）"我的朋友也是开发商"。

以上是购房者的常见异议。实践证明，当客户未对楼盘产生购买兴趣前，无论售楼人员提出怎样的价格，客户通常都会提出异议，这是客户的普遍反应。对于普通百姓来说，购房可以称得上是一项重要的家庭决策，他们会到各个楼盘转转，并经过仔细权衡比较后才最终做出决定。

“地段，地段，还是地段”，这是房地产行业内的一句流行语，足见地段对于房产价值的重要性。地段的好与坏，直接影响着日后生活的便利程度以及房屋的升值潜力。通常，价格异议和配套异议在购房者心中起着关键性作用，处理好了以上两个异议，基本上能锁定客户。

二、价格异议处理办法

第一，向对方证明产品价格是合理的，是产品价值的真实体现。如果比竞争对手的价格便宜，那么就可以拿竞争对手的价格进行比较。也可以告诉客户：“我们这个项目的价格是采用科学的方法制定的，要知道，这里是本市的一级土地，土地成本就要比其他地段贵许多，何况我们还有如此完善的配套设施……”

第二，把费用分解，以每年每月甚至每天计算，让数字变小。

三、议价

议价成功就是达成买卖双方都同意的价格。总体而言，议价过程可以分为三个步骤，即引诱买方出价、吊价、让价成交。

1. 引诱买方出价

当售楼人员确定客户已经产生了购买兴趣，并且楼盘符合他的要求，即可引诱买方出价。

2. 吊价

无论买方第一次出价多少，一定要加以拒绝。如果售楼人员在客户第一次出价就成交，客户会认为不但售楼人员所报出的价格太虚高了，而且连他的出价都高了，否则售楼人员不会那么爽快就答应他的出价的。

买方第二次出价时，原则上仍应采取吊价策略。这更多是一种心理策略，目的是让客户觉得价格谈判并不容易，想要更低的价格是不可能的。

至于是第三次吊价或予以成交，则要视具体情况而定了。如果售楼人员能确定买方非常喜欢这套房子，而且不必再进行第三次吊价（客户的出价已经在可以接受的范围之内），可在第二次吊价时，就采取行动。采用吊价策略的一个重要原因是若过于轻易降价，即使已经是最低的价格了，也会让客户觉得价格还是高了，从而对出价感到后悔并继续压价。

3. 让价成交

当售楼人员确定买方在极力争取价格，并且是非常喜欢或很急迫时，通常可以确定已经快要成交了，只要给出适当让价，客户就会马上成交。那么，此时如果价格在可接受的范围之内，可以给客户适当地让价，以促使交易马上达成。

注意，在让价成交时，必须提出相应的条件，比如，让买方马上交定金，能够马上签合同的就不要拖延。记住，收取越多的定金，被退订的概率也会越小，而且越早签订合同，对卖方越有利。

任务描述

（1）独立完成相应的实训任务书。

（2）组长组织组内同学进行讨论，找出比较合适的处理客户异议的方法，并进行角色扮演。

（3）随机抽选小组成员扮演客户和售楼人员，模拟解决相应的价格异议。

（4）其他同学根据评价要点进行评分。

任务评价

实训任务书如表 2－14 所示，活动过程评价如表 2－15 所示。

表 2－14　　实训任务书

请分析以下客户异议，并写出解决该异议的正确应对话术。

（1）还没听售楼人员介绍，客户就问价格。

错误应对：①每平方米 18000 元左右。②请问您说的是哪一套？

正确应对：________________________________

____

（2）一听报价，客户脱口而出："太贵了吧。"

错误应对：①这已经不算贵了，原来还更贵呢！②一分钱一分货，好房子肯定不便宜。③那您认为多少钱才不算贵呢？④每平方米 18000 元还贵？您到别的楼盘去比较比较就知道了。

正确应对：________________________________

____

（3）"多打点折/多优惠点，我就买了。"

错误应对：①对不起，这是公司规定，我也爱莫能助。②很抱歉，九八折已经是我们最大的优惠了。③我想如果我们的楼盘不好，给您再多的折扣您也不会要，既然您对我们楼盘很满意，又何必计较这点折扣呢？

正确应对：________________________________

____

（4）明明已经给了最低价，客户还是不满意。

错误应对：①这已经是最低价，买不买您自己决定吧。②你这人怎么这么不干脆，我都说已经是最低价了。

正确应对：________________________________

____

表 2－15　　　　活动过程评价

班级		评分人		日期	
序号	评价要点		分值（分）	得分（分）	存在问题
1	对异议处理是否满意		30		
2	销售人员是否始终面带微笑		20		
3	销售人员举止是否得体		20		
4	是否正确引导客户成交		20		
5	销售人员是否耐心服务		10		
合计			100		
评价等级（合计分数 85 分以上为 A，70～85 分为 B，60～69 分为 C，60 分以下为 D） 评价人需提出改进意见					

任务拓展与作业

在讨价还价过程中，有些急性子的客户很容易突然就产生不满。对此，售楼人员该如何应对呢?

异议处理二

任务情境

一对母子（韦先生，宋女士）已经是第二次来到售楼部。母亲准备为儿子选购一套婚房，母亲付首付，儿子是房子的实际使用人。售楼人员小丽依然热情地为客户做讲解，却发现客户好像对此没有什么兴趣。对此，小丽感觉很沮丧，不知道是否该继续讲解下去，如何讲解。

任务分析

学会解决客户需求异议，根据客户提出的异议，运用异议处理技巧，进行巧妙化解。

知识储备

客户需求异议处理话术如下。

客户：“客厅太大，主卧又太小了。”

售楼人员："先生，您喜欢大卧室小客厅的房子?"

客户："是的，我觉得主卧大点住起来比较舒服。"

售楼人员："请问您除了睡觉之外，在主卧待的时间多吗?"

客户："当然不多了，没事在家就是看看电视泡泡茶。"

售楼人员："嗯，那就是了。客厅是一个家的公共区域，平时家人在客厅待的时间比较多，而卧室是私密空间，主要功能就是休息。所以，客厅需要大一点，大客厅小卧室，是户型设计的一个潮流。当然了，如果能够做到大客厅大卧室，那就更完美了。可是，您也知道，这样势必会加大房子的面积，如此房子的总价也会高出不少。"

为什么客户会对售楼人员的推介没有兴趣? 其中一个主要原因，就在于售楼人员的推介没有引起客户的共鸣，售楼人员没有抓住客户的关注点。

当售楼人员挖掘出楼盘所能带给客户的全部相关利益后，就会发现，并非所有罗列出来的利益对客户都具有同等的吸引力。比如对于一个环境优美、地理位置优越、在这里可以就读名校的楼盘，因为生活水平提高而换房的客户更看重的可能是其环境优美，年轻的上班族购房者更看重的可能是其优越的地理位置，而一些孩子准备上小学的客户更看重的可能只是在这里可以就读名校……

推销的一个基本原则是，与其对一个产品的全部特点进行冗长的讨论，不如把介绍的目标集中到客户最关心的问题上。每个楼盘都有诸多卖点，售楼人员在向客户推介时不能面面俱到，而应抓住客户最感兴趣、最关心之处做重点介绍。

1. 把握客户的购房需求

有人说："世界上最远的距离是客户的口袋与销售人员的口袋之间的距离。"这段距离并不遥远，只是售楼人员人为地把距离拉远了：售楼人员常常只把焦点放在客户口袋中的钱上，而忽略了客户的真正需求和关心的重点。

汤姆·霍普金斯表示：只卖客户想要的房子，而不卖自己想卖的房子。在向客户展示楼盘利益之前，售楼人员必须了解客户的需求，明确哪些利益对客户有用，才能有的放矢地进行推介。事实上，客户的需求才是最重要的。

2. 学会换位思考

人们习惯于从自己的角度思考问题，而较少站在别人的角度考虑问题，为别人着想。其实，在售楼活动中，换位思考非常有必要，也非常有价值。简单来说，换位思考是逆向思维的体现，即站在对方的角度去考虑问题，它有助于售楼人员更好地把握自己与客户之间的主要矛盾。并且，如果能够在销售中多为客户着想一些，能够在能力之内多做些对客户有利的销售举动，客户就会感受到真诚与爱心，就会更容易接受推介。

同样，售楼人员站在客户的角度才能知道客户需要什么样的楼盘和户型。如果客户不接受建议，不购买推介的户型，那么，首先要做的就是站在客户的立场，想想他为什么不愿意购买。只有设身处地为客户着想，并通过沟通说服客户，才能使客户感受到真诚，并愿意回报以同样的真诚。

对于售楼人员来说，换位思考就是先把房子卖给自己。在向客户推销之前，售楼人员不妨让自己同时扮演两个角色，一个是客户，另一个是售楼人员，并尽力自己说服自己购买。当达不到说服自己购买的效果后，就要花一些时间分析一下，自己的需求是否都已经被满足了。如果没有，还有什么需求？是否这些需求一定要满足才愿意购买？如果能够成功地把房子卖给自己，成功就近在咫尺了。

3. 抓住客户的关注点

很多售楼人员总是习惯以自己的方式进行思考，一味地向客户推荐自己认为的好处和利益，这样很难吸引到客户。聪明的售楼人员会把焦点放在客户的关注点上，摸清客户的需求，明确哪些利益对客户更有吸引力，再着重对其进行推介。只有事先知道客户的需求，并具体分析客户的喜好、习惯，才能更好地满足客户的需求，并使客户真正满意，最后达成交易。就像一个人肚子饿了就应该让他吃饭，而不是让他喝水，因为喝水并不能满足他填饱肚子的需要。

每个客户的喜好都是不一样的，也就是说客户最看重的楼盘利益点并不一致。如果一个楼盘的卖点很多，就应该根据客户的喜好进行重点介绍。比如，介绍一个依山傍水、建筑风格独特并且智能化设施齐备的楼盘时，就要抓住客户的喜好之处进行重点推介。如果客户最看重的是环境优美，应重点推介“依山傍水”这个卖点；如果客户更看重的是住宅小区的安全性与生活的便捷性，则应重点推介“智能化”这个卖点；而如果客户对楼盘的建筑设计更感兴趣，不用说，肯定应该对楼盘建筑设计的独到之处加以重点描述。

任务描述

（1）学生在教师指导下分为 2 人一组，1 人扮演置业顾问，1 人扮演客户。

（2）所有学生完成实训任务书。

（3）根据实训任务书进行角色扮演，模拟处理客户的需求异议。

（4）扮演客户的同学对置业顾问做出评价。

（5）组内交换角色，重新完成实训任务。

（6）随机抽选小组进行公开展示。

实训准备

《居周刊》、A4 纸、手机。

任务评价

实训任务书如表 2-16 所示，活动过程评价如表 2-17 所示。

表 2-16　　实训任务书

以下是常见的客户需求异议，如果你是置业顾问，该如何处理这些异议呢？请在相应位置写出你的回答。可借助互联网搜索相关资料辅助回答。

（1）客户："这房子不怎么样，我不喜欢。"

置业顾问：________________________________

____

（2）客户："算了，期房风险太大，还是买现房好。"

置业顾问：________________________________

____

（3）客户："你们户型太大了，我不需要这么大的房子。"

置业顾问：________________________________

____

（4）客户："我不想买这样的楼层。"

置业顾问：________________________________

____

表 2-17　　活动过程评价

<table>
<tr><td>班级</td><td></td><td>评分人</td><td></td><td>日期</td><td></td></tr>
<tr><td>序号</td><td colspan="2">评价要点</td><td>分值（分）</td><td>得分（分）</td><td>存在问题</td></tr>
<tr><td>1</td><td colspan="2">客户对异议处理结果是否满意</td><td>30</td><td></td><td></td></tr>
<tr><td>2</td><td colspan="2">置业顾问是否始终面带微笑</td><td>20</td><td></td><td></td></tr>
<tr><td>3</td><td colspan="2">置业顾问举止是否得体</td><td>20</td><td></td><td></td></tr>
<tr><td>4</td><td colspan="2">是否正确引导客户成交</td><td>20</td><td></td><td></td></tr>
<tr><td>5</td><td colspan="2">置业顾问是否耐心服务</td><td>10</td><td></td><td></td></tr>
<tr><td colspan="3">合计</td><td>100</td><td></td><td></td></tr>
<tr><td colspan="4">评价等级（合计分数 85 分以上为 A，70～85 分为 B，60～69 分为 C，60 分以下为 D）
评价人需提出改进意见</td><td colspan="2"></td></tr>
</table>

任务拓展与作业

请学生登录相关网站，拨打 1 或 2 个售楼热线，以客户的身份咨询有关楼盘项目的具体信息，熟悉异议处理话术和技巧。

异议处理三

任务情境

售楼人员小丽通过公司培训，以及一段时间的实战，已经有一定的售楼技巧。但是她发现，客户在购房时为了获取更多的优惠或使自己在谈判时占据有利的地位，通常也会运用一定的技巧，也有一些“秘诀”。小丽在售楼的时候发现有些客户会有意地提出一些楼盘本身不存在的缺陷。面对客户的这些“不实之言”，售楼人员小丽该如何应对呢？

任务分析

学会常用处理异议的办法。

知识储备

有人说：“客户永远是对的；如果客户错了，请参照上一句。”客户的意见无论是对还是错，是深刻还是幼稚，售楼人员都要表示对他的尊重，绝对不能表现出轻视的样子，如不耐烦、轻蔑、走神、东张西望、绷着脸、低着头等。相反，售楼人员要双眼正视客户，面部略带微笑，表现出全神贯注的样子。同时，售楼人员不能语气生硬地对客户说“您错了”“连这您也不懂”。不能显得比客户知道得更多，如“让我们给您解释一下……”“您没听懂我说的意思，我是说……”因为这些说法是在明显地抬高售楼人员，贬低客户，会伤害客户的自尊心。

当客户提出的意见或看法错误的时候，售楼人员应该根据不同的情况，运用不同的方法进行处理。

1. 间接否认法

所谓间接否认法，是指在客户提出异议后，售楼人员先给予肯定，然后说出自己的观点或意见，以避免和客户发生正面冲突。

当自己的意见被别人直接反驳时，许多人内心总是不痛快的，甚至会被激怒，尤其是遭到一位素昧平生的售楼人员正面反驳的时候。所以，售楼人员屡次正面反驳客户，会使客户恼火，就算售楼人员说得都对，也没有恶意，还是会引起客户的反感。因此，运用间接否认法可以缓解客户的对立情绪。

间接否认法通常采用“是的……如果……”的句式。其实，“是的……如果……”源自“是的……但是……”，只是，“但是”在转折时过于强烈，很容易让客户感觉到之前说的“是的”并没有包含多大诚意，而强调的是“但是”后面的诉求。在表达不同意见时，尽量利用“是的……如果……”的句式，软化语气。用“是的”表示肯定客户的意见，用“如果”表达自己的观点。

请比较下面的两种说法，感觉它们语气上的天壤之别。

A：“您根本没理解我的意思，因为状况是这样的……”

B：“平心而论，在一般状况下，您说得都非常正确，如果状况变成这样，您看我们是不是应该……”

A：“您的想法不正确，因为……”

B：“您有这样的想法，一点也没错，当我第一次听到时，我的想法和您完全一样，可是如果我们做进一步的了解就会发现……”

养成了用B的方式表达不同的意见，将受益无穷。

2. 直接反驳法

所谓直接反驳法，是指当客户提出异议时，售楼人员直截了当地予以否定和纠正。如果运用得好，直接反驳可以增强客户的购买信心，可以给客户一个简单明了、不容置疑的解答。

按照常理，在售楼活动中直接反驳客户的异议是不明智的，因为直接反驳客户容易引起争辩，可能会给客户增加心理压力，甚至会激怒客户而导致销售失败。如果因为直接反驳而使客户感到自尊心受伤害，那么，即使房子再好，客户也会拒绝购买。另外，如果措辞不当，会破坏销售气氛，引发双方的紧张情绪，从而在客户原有异议之外又给销售活动增加了新的障碍。

因此，直接反驳法仅用于客户提出的反对意见明显不正确的情况。在有些情况下，确实必须直接反驳以纠正客户不正确的观点，比如对企业的服务、诚信有所怀疑或客户引用的资料不正确等。出现上面两种情况时，售楼人员必须直接给予反驳，而不能坐视不理。因为如果客户对售楼人员以及企业的服务、诚信有所怀疑，售楼人员拿到订单的概率几乎为零。这个道理很简单，如果保险企业的理赔诚信被怀疑，人们会在这家企业投保吗？如果客户引用的资料不正确，而售楼人员能以正确的资料佐证自己的说法，那么客户一般会接受售楼人员的反驳，并且可能会对售楼人员更信任。无论如何，直接反驳客户异议毕竟是与客户的正面交锋。为了避免激化矛盾、产生不良影响，售楼人员必须注意以下几点。

（1）不可滥用。

直接反驳法只适用处理客户无知、误解、成见、信息不足而引起的异议，不适用于处理情绪或性格问题引起的异议。对固执己见、气量狭小的客户也最好不要使用这种方法，否则容易引起这类型客户的反感及抵触心理，认为售楼人员不尊重他，从而产生争执。

（2）态度友好。

为了避免触怒客户或引起客户的不快，售楼人员在反驳客户时，应始终保持友好诚恳的态度，面带微笑，注意语言技巧和选词用语，切勿动怒、责备客户。即使客户是因为无知或者有意提出异议，售楼人员也只能对事不对人，反驳客户的看法而不是客户的人格，以免冒犯客户甚至是伤害客户自尊。

（3）有理有据。

用来反驳客户异议的内容必须是合理的、科学的，而且是有据可查的。在反驳客户异议的过程中，售楼人员应首先明确指出客户的异议内容，明确异议性质与根源，然后，由浅到深摆出证据和理由，依靠事实与逻辑的力量说服客户。

3. 负正法

所谓负正法，就是先说出产品的缺点，然后根据这个缺点进行说明，以证明这个缺点并非不可弥补，业内人士常用“虽然……但是……”句式来表达。

任务描述

（1）学生在教师的指导下分为 4 人一组，完成实训任务书，并讨论相应的客户异议处理方法。

（2）组长组织组内同学进行角色扮演。

（3）随机抽选小组成员扮演客户和售楼人员，模拟解决相应的客户异议。

（4）其他同学根据评价要点进行评分。

实训准备

《居周刊》、网络资料、A4 纸、手机。

任务评价

实训任务书如表 2－18 所示，活动过程评价如表 2－19 所示。

表 2－18　　实训任务书

A 楼盘 · 价格：均价 8500 元/平方米。 · 物业类别：普通住宅。 · 项目特色：低总价、经济住宅、景观居所、水景地产。 · 建筑类别：板塔结合，多层、小高层、高层。 · 装修状况：毛坯，带装修。 · 产权年限：普通住宅 70 年。 · 开发商：A 公司。 · 楼盘地址：××大道××号。

续 表

客户对项目地段不满意，尤其感觉周边生活配套不利所带来生活不便的问题较大，为此请巧妙解决客户异议，请采用间接否认法进行处理。

B 楼盘

· 价格：普通住宅均价 5600 元/平方米，联排均价 13000 元/平方米。
· 物业类别：普通住宅，联排。
· 项目特色：品牌地产、水景地产。
· 建筑类别：板塔结合，低层、小高层、高层。
· 装修状况：毛坯。
· 产权年限：普通住宅 70 年，联排 70 年，SOHO40 年。
· 开发商：B 公司。
· 楼盘地址：××开发区××大道与××路交会处。

客户是自住客户，提出小区环境不错，但小区外部都是自建平房，很杂乱。

售楼人员该如何采用直接反驳法应对呢？

C 楼盘

· 价格：均价 11500 元/平方米。
· 物业类别：普通住宅。
· 项目特色：品牌地产。
· 建筑类别：塔楼，高层。
· 装修状况：带装修。
· 产权年限：普通住宅 70 年。
· 开发商：C 公司。
· 楼盘地址：××里×号。

客户是以投资为主的客户，认为这里太偏了，脱离城市。

售楼人员该如何采用负正法应对呢？

表 2－19　活动过程评价

班级		评分小组成员		
序号	评价要点	分值（分）	得分（分）	存在问题
1	接待礼仪良好	25		
2	回答语气、语速合适	25		

续　表

序号	评价要点	分值（分）	得分（分）	存在问题
3	技巧应用好	30		
4	应变能力强	20		
合计		100		
评价等级（合计分数 85 分以上为 A，70～85 分为 B，60～69 分为 C，60 分以下为 D） 评价人需提出改进意见				

任务拓展与作业

熟悉处理客户异议话术。学生两两一组，分别扮演置业顾问和客户，进行话术录音，并提交至学习通平台。

任务三　掌握逼单技巧

说服犹豫不决的客户

任务情境

小丽在售楼过程中，发现客户刘小姐和张先生看上去已经动心了，对于户型、配套和价格都颇为满意，电话沟通也很愉快，但不知为何还在犹豫不决。对此，售楼人员小丽该如何做呢？

任务分析

（1）对于犹豫不决的客户，应在适当时候采用逼单技巧。

（2）运用促成交易技巧：提醒客户需求、增强客户信心、巧妙试探询问、引导客户做决定。

知识储备

有人说："没有促成就没有交易，促成是交易的前提。"在客户下定购买决心之前，总会有一次最后、最激烈，同时最容易受客观因素影响的思想斗争。也就是说，客户在做最后的购买决定时，往往会由于某些方面的顾虑，而表现出犹豫不决的态度，这时，客户就需要借助他人的意见来下决心。在这个抉择性的时刻，旁人（尤其是售楼人员）的言行会对客户的决定产生重大的影响。因此，售楼人员千万不能采取“悉听客便”的坐等态度，一旦时机成熟，就应主动建议客户购买，以促使客户下定购买决心。记住：售楼人员不能被动地等候客户说购买，而是要主动建议客户购买。

1. 提醒客户需求

客户购买的出发点是有需求，而且楼盘的各项素质能满足这一需求。有时候，客户虽然已经表现出了一定的购买意向，但仍然还有犹豫。这时，售楼人员可以委婉地提醒客户相关的需求，参考话术如下。

“买了这里的房子后，您儿子就可以入读实验小学了……”

“这么安静的小区对您的父母安享晚年是非常有好处的……”

“区政府一搬过来，将来这里肯定很繁华，到时您一转手就可以挣几十万元……”

记住，在提醒客户需求的时候，售楼人员要抓住客户最关心的点，以达到事半功倍的效果。

2. 增强客户信心

在临近成交的最后时刻，客户通常需要售楼人员帮助其下定购买决心。在这一关键时刻，售楼人员必须让客户充分了解购买这里的房子能带来什么利益，售楼人员最好能够强化客户特别满意的几个方面，以增强客户的购买信心。

要记住，优点并不等于利益，关键是把购买楼盘带来的利益与客户的需求相结合，让客户相信此次购买行为是非常明智的决定。参考话术如下。

“您看，住在这个小区有××企业的杨总、××大学的张教授……”

“先生，您可真有眼光，目前小两居是市场上最紧俏的，极具投资潜力……”

“我们是大型国企开发商，实力雄厚，建筑质量绝对有保障，像××花园、××山庄等都是我们开发的，相信这些小区的情况您也有所了解……”

3. 巧妙试探询问

建议客户购买时最好不要采取非常直接的形式，避免用诸如“我们现在就把合同签了吧”等令客户比较反感的商业性语言去催促客户成交。因为这些做法会引起客户的不满，很可能会使最终结果与售楼人员的交易目的背道而驰。

试探是一个比较合理的建议客户购买的方式，它让客户更容易接受售楼人员的建议。只要售楼人员认为客户对楼盘已经产生兴趣，便可以试探性地建议客户成交。如果客户还没有决定要买，他会明白地告诉售楼人员的，这样不至于错失良机。参考话术如下。

“定金您是要刷卡还是付现金？”

“您想办十五年按揭还是二十年按揭？”

“来，我们到那边财务室交一下定金。”

4. 引导客户做决定

犹豫是购买的正常现象。但是，售楼人员不能等待客户无止境犹豫下去，对于一些没有主见、摇摆不定的客户，售楼人员可以大胆建议客户购买，以结束销售。

引导客户做决定时，应使用诸如“我觉得……”“我认为……”等较为委婉的话，以一种建议的口吻去帮助客户做决定，以消除客户的戒备心理。

需要注意，引导客户购买不是让售楼人员替客户决定，更不是让售楼人员替客户承担决策责任，而是通过引导让客户自行判断并做出购买决策。因此在帮客户做决定时，售楼人员不能说出“相信我一定没错”“听我的，这套真的很不错”这样绝对化的语言，而应该说“我建议……”“如果我是您的话……”，以一种建议的口吻去帮助客户做决定。

任务描述

（1）请学生观看教师准备的“销售冠军逼单技巧”微课。

（2）根据客户背景资料，学生分 4 或 5 人一组，1 人扮演置业顾问，2 人扮演客户，其余人录像，任选下面其中一个客户进行情景模拟逼单。

（3）扮演客户的学生填写评价表，对置业顾问做出评价。

模拟情景描述。

到目前为止，小丽与几位客户沟通联系，小丽先与客户进行了电话沟通，又邀请客户以家庭为单位来参加答谢会并看房。小丽将与客户刘小姐、吴先生、宋女士及其家人朋友进行会面，并逼单。

客户 1：刘小姐 28 岁左右，张先生 40 岁左右，之前刘小姐来电咨询过优惠政策。刘小姐单身，爱好旅游，比较关注户型、配套设施和物业服务，心里接受首付上限价格为 20 万元。张先生主要陪同刘小姐看房及提供意见，张先生现在住其他小区。张先生觉得这里的投资型小户型挺好，地段和配套比较不错。

客户 2：吴先生，35 岁左右，开公司。有一个儿子 ，上幼儿园。吴太太（姓宋），30 岁左右，与丈夫一起经营公司，主管财务。现住江南地区，关注学区、配套设施和交通便利程度，考虑换房。

客户 3：儿子小韦，26 岁。母亲宋女士，52 岁，帮助儿子买房，拟作婚房。儿子对设计和配套要求比较高，喜欢精装房，母亲关注性价比和品牌。目前家里已经有一套住宅、一套写字楼。网上了解过后，儿子与母亲一同过来看房，户型、价格合适可定房。

实训准备

《居周刊》、网络资料、A4 纸、手机。

任务评价

活动过程评价如表 2-20 所示。

表 2-20 活动过程评价

班级		评分小组成员		
序号	评价要点	分值（分）	得分（分）	存在问题
1	接待礼仪	25		
2	回答语气、语速	25		
3	技巧应用	30		
4	应变能力	20		
合计		100		
评价等级（合计分数 85 分以上为 A，70～85 分为 B，60～69 分为 C，60 分以下为 D） 评价人需提出改进意见				

任务拓展与作业

在与客户沟通过程中，客户提出“我的朋友也是开发商”异议，置业顾问应该如何处理该异议？

说服有决策权的客户

任务情境

迄今为止，小丽成功与宋女士、刘小姐签订认购意向书。但是吴先生还没有最终决定下来，他总会说“我和我妻子商量商量”。买房是一件大事，很多人在看房的时候通常是拖家带口的。像这样的客户，如果意见统一还比较容易，如果意见不统一，小丽又该如何处理呢？

任务分析

（1）懂得判断出有购买决策权的人。

（2）学会判断和抓住购买信号。

（3）进行持续的客户追踪。

知识储备

一、购买决策人

购房毕竟不是件小事，客户有时不是只身一人前来看房，而是带着全家人一起来，售楼人员可千万不能忽略其他人，他们即使不能替客户做购买决策，也可能左右客户的购买意愿，从而影响售楼活动。有的售楼人员看客户携家带口的样子就不知所措，认为这种客户最难对付，一家几口意见相左，不知该听谁的意见好。其实，这种客户并不难沟通，需要售楼人员用心去观察，用心去体会。而且，这种客户基本上都是购买诚意非常大的客户。

接待此类客户时，最关键的是找到真正的购买决策人。要准确判断出此决策人，关键是先清楚他们购房的目的，如是自己住，还是给其他人住。如今房价很高，买房的资金绝对不是一笔小数目，因此售楼人员还要清楚谁是买单的那个人，毕竟这个人拥有很大的决策权。

一般情况下，家中的顶梁柱通常是“幕后家长”（不一定是真正的家长），他们是最有决策权的。当然，在某些时候，老人、孩子也是有决策权的，这就需要根据他们的购房目的来判断。买房是为了儿女，是为了自己住，还是为了父母养老？日后的真正受益者就是那个“幕后家长”，他就是最有发言权的人。

当然，有些一家人一起来看房的客户，其购房目的是“几代同堂”或建立一个“三口之家”。这时，如果售楼人员发现里面有一个拥有绝对权威的人物，那么这个人就是购买决策人，他的意见是举足轻重的。此外，售楼人员不能忽视其他家庭成员的意见，虽然他们的意见不是决定性的，但他们会影响购买决策人的意见。为此，在这种情形下，售楼人员最好能够全面考虑整个家庭所有成员的意见，并着重“攻击”购买决策人。

二、购买信号

客户有了购买欲望时，往往会发出一些购买信号。有时候，这种信号是下意识发出的，客户也许并没有强烈地感觉到或不愿意承认已经被售楼人员说服，但他的语言或行为会告诉售楼人员可以和他做买卖了。

客户的购买信号可以分为语言信号、表情信号和行为信号三大类。

1. 语言信号

（1）客户将问题转向有关商品的细节，如费用、价格、付款方式等。

（2）客户对售楼人员的介绍表示积极肯定与赞扬。

（3）客户开始询问购买的价格优惠程度及有无赠品。

（4）客户（尤其是专心聆听、寡言少语的客户）仔细询问付款方式及细节。

（5）客户将售楼人员提出的交易条件与竞争对手的交易条件相比。

（6）客户开始讨价还价，一再要求打折。

（7）客户向售楼人员打探交楼时间及可否提前，要注意，如果只是询问交楼时间，不一定意味着客户打算购买。

（8）客户对房子提出某些异议，并特别关心楼盘的某一优点和缺点。

（9）客户接过售楼人员的介绍提出反问。

（10）客户开始询问同伴的意见，与同伴低语商量。

（11）客户对目前的居住条件表示不满。

（12）客户用几套户型反复比较挑选后，话题集中在某单位。

（13）客户开始询问售后服务。

2. 表情信号

（1）客户的面部表情从冷漠、怀疑、深沉变为自然大方、随和、亲切。

（2）客户眼睛转动由慢变快，眼睛有神采，从若有所思转向明朗轻松。

（3）客户的嘴唇开始抿紧，似乎在权衡什么。

3. 行为信号

（1）客户十分关注售楼人员的动作和话语，不住点头。

（2）客户反复、认真翻阅楼书、订购书等资料。

（3）客户离开后又再次返回。

（4）客户认真地实地查看房屋有无瑕疵。

（5）客户呈放松姿态，身体后仰，擦脸拢发，或者做其他放松舒展动作。

（6）客户转身靠近售楼人员，表示友好，开始闲聊。

（7）客户突然用手轻声敲桌子或身体某部分，以帮助自己集中思路，最后定夺。

（8）客户靠在椅子上，左右相顾突然双眼直视售楼人员。

三、客户追踪

对于售楼来说，客户追踪显得尤为重要。很少有客户第一次到售楼处就能成交的，像买房这项重大的投资，他们总是要仔细权衡并对比多个楼盘之后才能做出决定。如果售楼人员没有与客户保持一定的联系，客户在走过多处售楼处之后很有可能就忘记售楼人员了。那么，售楼人员将错过一个能成为真正客户的潜在客户。

客户追踪步骤如下。

1. 查看客户档案

档案包含客户的一般需求、特殊需求、客户异议、向客户推荐的户型。

2. 追踪准备

筛选客户；明确目的：引起记忆、解答异议、激发兴趣。

3. 电话拜访

注意电话追踪的时间点；注意电话开场白，如“您好，王先生，我是×××售楼处的×××，这个时候打电话给您，没有打扰您吧？”

4. 登门拜访

四、售楼人员正确应对示例

人物——张先生（掏钱者）、张（先生）父亲。

售楼人员：“张叔叔，您的儿子上次来非常喜欢，不知道您看了以后觉得如何？”

张父亲：“嗯，看起来是还不错，就是楼层高了点，我们老人还是住低楼层比较好。”

售楼人员：“张叔叔，您不到50岁吧？”

张父亲：“哪里啊，我已经快60岁了。”

售楼人员：“不会吧，张叔叔，您的年龄和我父亲差不多，但看起来比我父亲年轻得多，瞧您面色多红润。您保养得真好。听说您马上要退休了，来这里养老真是非常合适，毕竟这里是花园城市，环境好。”

张父亲：“小姑娘，您可真会说话。这里环境确实不错，我儿子、儿媳、孙子又都在这，所以他们就想在旁边也给我们买一套，住得近互相有个照应。”

售楼人员：“是呀，一家人住得近，多方便啊。您儿子可真有出息，能给父母买这么漂亮的房子，像我，都不好意思说了，到现在自己也还没买房呢。”

张父亲：“小姑娘，还年轻，有的是机会。你们有没有楼层低一点的？”

售楼人员：“张叔叔，楼层低的房子也有一套。去年，我父亲的一个同学也来这里买房，买的是4楼。结果，因为这里空气比较潮湿，尤其是春天的时候容易返潮，他那时候发现家里地板湿漉漉的，很不舒服。”（转向张先生）“张先生，您觉得我说的有没道理？低楼层的好还是高楼层的好？”

张先生：“小王说的没错，这里太容易返潮了，还是高楼层的好。”

张父亲：“嗯，是的，高楼层好，天气潮湿，我有关节炎会更难受。”

售楼人员：“嗯，张叔叔，高楼层不但不会那么潮湿，而且站得高看得远，像这套18层的，可以看山看湖，景色可美了。”

张父亲：“那好吧，听我儿子的，就这一套吧。”

任务描述

前情回顾：吴先生，35岁左右，开公司。有一个儿子，上幼儿园。吴太太（姓宋），30 岁左右，与丈夫一起经营公司，主管财务。现住江南地区，关注学区、配套设施和交通便利程度，考虑换房。通过前期了解，已知吴太太在家庭中有决定权。客户已经多次看房，但还是没有签订认购意向书。

学生模拟进行客户追踪，电话拜访客户，迅速切入主题，在问候之后，立即简洁地提出此次电话拜访的主题，电话邀约前先发送邀约短信。可按照教师给予的客户追踪关键点和注意事项，自行编制脚本模拟进行电话追踪，并录音，教师点评。

（1）学生在教师指导下分为 4 人一组，组长组织小组成员编辑邀约短信。

（2）编制脚本模拟进行电话追踪，进行组内训练。

（3）随机抽选小组成员进行角色扮演，其他成员根据评价要点进行评分。

实训准备

《居周刊》、网络资料、A4 纸、手机。

任务评价

活动过程评价如表 2－21 所示。

表 2－21　活动过程评价

班级		评分小组成员		
序号	评价要点	分值（分）	得分（分）	存在问题
1	编辑短信	20		
2	回答语气、语速	30		
3	技巧应用	30		
4	应变能力	20		
合计		100		
评价等级（合计分数 85 分以上为 A，70～85 分为 B，60～69 分为 C，60 分以下为 D） 评价人需提出改进意见				

任务拓展与作业

（1）熟悉异议处理话术。

（2）进行项目实地考察及区域市场调研。

模块三　服饰营销

项目一　辨别服饰面料

任务情境

小李应聘进入一家品牌服饰门店担任实习导购员，接受为期 3 天的新员工培训，经理给小李的第一个任务就是回去收集服饰面料的各种资料，所有新员工在培训结束后要进行布料知识测验。

任务分析

能够辨别不同面料，明确各面料的优缺点。

知识储备

好的销售必须非常熟悉自己的产品，甚至要成为这一方面的专家。在进行服饰销售介绍时，客户经常会针对面料提出一些问题，因此服饰导购员必须清楚地知道服饰面料分类以及它们各自的优缺点，才能很好地解答客户疑问。常见的服饰面料如下。

1. 棉布

它是各类棉纺织品的总称。它多用来制作休闲装、内衣和衬衫。它的优点是轻松保暖，柔和贴身，吸湿性、透气性甚佳。它的缺点则是易缩、易皱，外观上不够挺括，在穿着时必须时常熨烫。

2. 麻布

它是以亚麻、苎麻、黄麻、剑麻、蕉麻等各种麻类植物纤维制成的一种布料。它的优点是强度极高，吸湿、导热、透气性甚佳。它的缺点则是穿着不甚舒适，外观较为粗糙。

3. 丝绸

它是以蚕丝为原料纺织而成的各种丝织物的统称。与棉布一样，它的品种很多，个性各异。它可被用来制作各种服装，尤其适合用来制作女士服装。

它的优点是轻薄、合身、柔软、滑爽、透气、色彩绚丽、富有光泽、高贵典雅、穿着舒适。

它的缺点是易生折皱、容易吸身、不够结实、不能暴晒否则褪色较快、易缩水。

4. 毛料

毛料是对用各类兽毛纤维或人造毛织成的衣料的泛称，其中以绵羊毛使用最广，人们也将用各类羊毛、羊绒织成的织物称为呢绒。它通常用以制作礼服、西装、大衣等正规、高档的服装。它的优点是有良好的保暖作用、耐酸、不易燃烧，有较好的弹性、抗褶皱性。它的缺点是耐热及耐光性较差，受潮后特别容易霉变、虫蛀。

5. 皮革

它是经过鞣制而成的动物毛皮面料。按照制造方式皮革通常分为真皮和人造革，真皮原料主要是猪皮、牛皮和羊皮，而人造革也称仿皮，是 PVC（聚氯乙烯）和 PU（聚氨酯）等人造材料的总称。皮革多用以制作时装（尤其是冬装）。它的优点是有弹性、透气、抗风保暖、耐化学药剂。它的缺点是易划伤、洗护要求高、拼片之间会有色差、忌水洗、不可暴晒。

6. 化纤（化学合成纤维）

化纤是由化学纤维加工成的纯纺、混纺或交织物。化学纤维是指以天然或人工高分子物质为原料，经过多种工序制得的具有纺织性能的纤维。

化纤主要分为合成纤维和再生纤维。合成纤维主要有涤纶、锦纶、氨纶、腈纶、维纶、丙纶，再生纤维主要有人造丝、人造棉等。

（1）涤纶（俗称的确良，包括现在的雪纺）。

涤纶（聚酯纤维）是从石油中提炼出来的一种人造纤维。由于需求量大，它在各种纤维的全球产量中排列第二，仅次于棉纤维。它一般也可制成 T 恤衫、西裤、半身裙、风衣、帆篷、帐篷、蚊帐及枕头之类的填充料等。此外，它更经常地和棉、羊毛或其他纤维混纺。

优点：具有较高的强度与弹性，坚固挺括，洗后免烫；与尼龙相比，手感较柔软，更适合与羊毛混纺；不像尼龙一样易被阳光影响。

缺点：光泽比尼龙低，吸湿性、透气性差，易产生静电而吸附灰尘；经常摩擦易起毛结球而易藏污垢，怕火（避免与烟灰、火星接触）。

（2）锦纶（尼龙）。

锦纶用途很广泛，其中较普遍的制品包括各种丝袜、裤袜、内衣、运动衫、风衣、雨衣、泳衣等。它可与其他纤维，如羊毛或腈纶等混纺，作其他用途。

优点：强度及耐磨性较好，居所有纤维之首；易洗快干，处理省时；弹性高以及恢复性极好，不易变形，不易皱，耐碱性十分好，防虫及防霉性都很好，便于保存。

缺点：吸湿性及透气性不好，但在高温之下，尼龙会软化；不能长时间受阳光照射，天气干燥时易产生静电，怕火（应避免与烟灰、火星接触）。

（3）氨纶（莱卡）。

氨纶用途也很广泛，但主要用来制造内衣及泳衣等。近年时装趋向讲求贴身舒服，不少布料如牛仔布、针织布、毛料等都加入氨纶制成贴身外套、西服、套裙等。

优点：具有独特的弹性，能伸延五至六倍，而且在伸延两倍后仍能恢复原状；吸湿性、透气性接近天然纤维，耐光性、耐磨性都很好；具有较高的可塑性，能体现服装造型的曲线美。

缺点：一般不单独使用，而是少量地掺入织物中；清洗时需注意避免加入漂白剂，漂白剂会损害弹性纤维令衣物变黄。

（4）腈纶。

腈纶是从石油中提炼的物质经化学程序制成的纤维，特性跟羊毛相似，所以一般被用作羊毛的廉价替代品。常用来制成毛衣、围巾、手套和袜子等。此外，腈纶更可跟羊毛、尼龙、人造丝等纤维湿纺而制成更具商业价值的纺织品。

优点：耐光性极好，居所有化纤之首，方便洗涤、防虫、防霉；不易皱，弹性手感及羊毛相似，保暖性好（适合做羊毛的替代品，较为经济）。

缺点：耐磨性在所有化纤中属一般，摩擦后易产生静电，易吸附灰尘；吸湿性较差，透气性一般，舒适性不好，很易燃烧。

（5）维纶。

维纶又称“合成棉花”，是合成纤维中吸湿性最大的品种，现在流行的丝绵填充物往往就是维纶。

任务描述

（1）学生在教师的指导下分为 4 人一组。

（2）教师给每组提供若干布料，要求学生正确辨别出每一种布料，并简单讲述该布料的优点，完成相应的实训任务书。

实训准备

（1）每组配备手机或平板电脑一台。

（2）若干布料样板。

任务评价

实训任务书如表 3 – 1 所示，活动过程评价如表 3 – 2 所示。

表 3－1　　　　实训任务书

<table>
<tr><td rowspan="2">编号一布料</td><td>布料名称</td><td rowspan="2">编号二布料</td><td>布料名称</td></tr>
<tr><td></td><td></td></tr>
<tr><td colspan="2">优点：</td><td colspan="2">优点：</td></tr>
<tr><td rowspan="2">编号三布料</td><td>布料名称</td><td rowspan="2">编号四布料</td><td>布料名称</td></tr>
<tr><td></td><td></td></tr>
<tr><td colspan="2">优点：</td><td colspan="2">优点：</td></tr>
</table>

表 3－2　　　　活动过程评价

<table>
<tr><td>班级</td><td></td><td>评分人</td><td colspan="2"></td><td>日期</td><td></td></tr>
<tr><td>序号</td><td colspan="3">评价要点</td><td>分值（分）</td><td>得分（分）</td><td>存在问题</td></tr>
<tr><td>1</td><td colspan="3">布料辨别是否正确
（正确一项得 10 分）</td><td>40</td><td></td><td></td></tr>
<tr><td>2</td><td colspan="3">布料对应的优点是否正确
（每一个正确的优点得 5 分，
最高不超过 60 分）</td><td>60</td><td></td><td></td></tr>
<tr><td colspan="4">合计</td><td>100</td><td></td><td></td></tr>
<tr><td colspan="5">评价等级（合计分数 85 分以上为 A，70～85 分为 B，60～69 分为 C，60 分以下为 D）
评价人需提出改进意见</td><td colspan="2"></td></tr>
</table>

任务拓展与作业

请查找羽绒的相关资料，并完成表 3－3 的填写。

表 3－3　羽绒的相关资料

项目	内容
鹅绒的特点	
鸭绒的特点	
衡量羽绒服的四大标准	

项目二　服饰搭配

任务情境

服饰门店一年四季不断有新品上架，有些套装是在设计时就搭配好的，有些单品需要导购员自己进行穿搭陈列。橱窗等显著位置的服饰搭配，更是起到门店活招牌的作用。好的服饰搭配展示可以有效提高门店客流量，因此，服饰导购员必须掌握一些服饰搭配的技巧。

任务分析

选择服饰进行搭配展示，并进行搭配分析。

知识储备

服饰搭配主要指在款式、颜色上协调，整体上达到得体、大方的效果。搭配技巧主要指从择业、择偶、交友、社交、业务往来等方面就男性和女性服饰搭配进行介绍。导购员学习服饰搭配的目的是在销售活动中给客户提供一些合适指导和推荐，提高销售效率。

服饰搭配的宗旨：客户喜欢的、客户需要的、适合客户的才是最好的。

一、色系搭配

（一）色彩知识

色彩可以分为有彩色和无彩色，有彩色以七个基本色为基础，如红、橙、黄、绿、青、蓝、紫。而无彩色也就是人们说的中性色，由黑、白、灰组成，在色彩的搭配中起间隔、调和的作用。另外，在服饰搭配中人们经常会提及暖色系和冷色系，暖色指可以使人联想到太阳或火，让人感觉温暖的红色、橙色和黄色等；冷色则指可以使人联想到天空、空气和水，让人感觉清凉的绿色、紫色和蓝色等。

（二）色系搭配方法

1. 主色、辅色以及点缀色搭配法

主色、辅色以及点缀色搭配法，即“60% 以上的主色 +40% 以下的辅助色 +5%—

15%的点缀色”，点缀色主要起到画龙点睛的作用。

2. 自然色系搭配法

自然色系有暖色系和冷色系，暖色系一般会给人华丽、成熟、朝气蓬勃的印象，而适合与这些暖色系的有彩色相搭配的无彩色系，除了白、黑，驼色、棕色、咖啡色较为合适。冷色系则会让人看起来安详、沉静、稳重等，想与冷色系搭配和谐，最好是能选用黑、灰等，避免选用驼色、咖啡色。

3. 有层次地运用色彩的渐变搭配法

有层次地运用色彩的渐变搭配法指选用一种颜色，利用不同的明暗搭配，给人和谐、有层次的感觉。或是运用相同色调、不同颜色进行搭配，同样可以给人和谐美感。

4. 主要色配色法

在所有色彩中，黑、白、灰是永恒的经典搭配色；在选择搭配单品时可以在已有的色彩组合中选择任一颜色做搭配，给人整体、和谐的印象；如果遇到一件花色单品，则可选择花色单品中不同色彩组合的搭配，也很协调、美丽。

5. 运用小件配饰装点法

运用小件配饰装点法可打破沉闷，例如搭配手环、丝巾、包、项链等。

6. 上呼下应的色彩搭配法

上呼下应的色彩搭配法一般建议全身色彩以三种为宜，不要超过三种，整体暖色越少，越能体现出利落、优雅、清晰的风格；色彩搭配的面积比例如下：全身色彩比例尽量避免1∶1，尤其是穿着对比色时，一般以3∶2或者5∶3为宜。

二、肤色搭配

1. 皮肤白皙

俗话说“一白遮百丑”，如果客户皮肤白皙，可以大胆推荐。但如果客户皮肤太白或者偏青色，则不宜穿冷色调，否则会愈加突出脸色苍白，甚至会显得面容呈病态。

2. 皮肤黝黑

皮肤黝黑，推荐暖色调，亦可穿纯黑色衣着，以绿、红和紫罗兰色作为补充色。可选择三种颜色作为调和色，即白色、灰色和黑色。主色可以选择浅棕色。不宜穿大面积的深蓝色、深红色等一些灰暗的颜色，这样会使人看起来没有精神。

3. 皮肤偏黄

皮肤偏黄，推荐穿蓝色或浅蓝色的上装，它能衬托出皮肤的洁白娇嫩，也适合穿粉色、橘色等暖色调服装。尽量少穿绿色或灰色调的衣服，这样会使皮肤显得更黄甚至会显出“病容”，穿品蓝色、紫色上衣也不好看。

4. 皮肤小麦色

皮肤小麦色，推荐黑白两色，它们的强烈对比很适合这类肤色。深蓝色、灰色等色彩，以及深红色、翠绿色这些色彩也能很好地突出个人特色。不适合穿茶绿、墨绿色服装，因为与肤色的反差太大。

三、体型搭配

1. 女士体型搭配

女士代表性体型主要分为五种，分别是 X 型、Y 型、A 型、H 型、O 型。五种代表性体型的特征及服饰搭配技巧如下。

X 型体型特征：匀称、协调。以细腰平稳上下身，胸与臀几近等宽。该体型是每个女生都向往的，对服饰款式不挑剔，怎么搭配都很漂亮，若穿着“X”款服饰，会更显高贵、典雅，仪态万千。配饰也可根据自身肤色、气质随意搭配。

Y 型体型特征：肩部宽、胸部大、过于丰满，会使之显得矮些，使臀部与大腿相对较瘦，上身有一种沉重感。建议上衣使用暗灰色调或冷调，不宜选择艳色、暖色或亮色，下装则应避免黑色暗色，不宜选择前胸有绣花、贴袋之类的色彩装饰物。

A 型体型特征：小胸或胸部较平，窄肩，腰部较细，有的腹部突出，臀部过于丰满，大腿粗壮，下身重量相对集中，这样在整体上使下部显得沉重。与 Y 型体型相反，建议上身选择色彩明亮、鲜艳，有膨胀感的服饰，让上身显得丰满一些；下身应选择款式简单、质地均匀、线条柔和、单一色调（暗色）的服饰。

H 型体型特征：上下一样粗，腰身线条起伏不明显，整体上缺少“三围”的曲线变化。建议穿平肩、翘肩等款式，腰部不宜使用跳跃、强烈的色彩，加强颈围、臀部和下摆上的色彩及细节，搭配项链、围巾等转移视线。

O 型体型特征：正如“O”一样，体型浑圆，脖子和腰比较短，胸、腰、臀之间没有太大变化，体型偏胖。不宜穿色彩太艳丽或大花纹、横纹等服饰，款式力求简单，面料不宜过厚或过薄，可以使用长围巾修饰。

2. 男士体型搭配

男士代表性体型主要分为健美型、高胖型、矮胖型、瘦高型、矮瘦型五种。男士代表性体型的特征及服饰搭配技巧如下。

健美型特征：肩很宽、很厚，结实、健壮，腰明显较细，大腿的肌肉很发达。上衣以肩部合适为准，裤子能满足臀部和大腿的放松度为宜。

高胖型特征：个头高大，体胖，腹部凸出。比较适合穿宽松板式的服饰，上衣应略长一些，不宜穿平肩或翘肩款式，色彩以黑色和藏蓝色为主。

矮胖型特征：个矮体胖，腹部凸出。比较适合穿宽松板式的服饰，上衣不宜过长，面料的花纹不宜太明显，不宜选粗纺花呢面料。

瘦高型特征：体型又高又瘦。衣服以肩部合适为基准，不宜穿过瘦的裤子。

矮瘦型特征：体型又矮又瘦。建议穿收腰上衣，上衣不宜把臀部全部覆盖，否则更显矮小，不宜穿黑色、藏蓝色、深灰色等深色调的衣服，宜穿浅灰色或亮色调衣服。

任务描述

（1）学生在教师的指导下分为 4 人一组，利用手机或平板自学服饰搭配的相关知识。

（2）教师将所有同学准备的服饰集中摆放，每组学生挑选一位同学作为穿衣模特，将本小组的穿衣模特调至其他小组，其他小组为模特挑选合适的衣服和裤子进行搭配，填写相应的任务书。

（3）每小组派代表讲述本小组选择该套服饰的理由或服饰搭配的技巧，以及所适合的客户信息。

（4）其他小组进行服饰搭配评价，统计出最满意的一组服饰搭配。

实训准备

（1）每组配备手机或平板电脑一台。

（2）每人准备上装和下装各一件，要求这两件不能是原本搭配好的。

任务评价

实训任务书如表 3 – 4 所示，活动过程评价如表 3 – 5 所示。

表 3 – 4　　实训任务书

一、请填写本组模特的姓名，分析本组模特的肤色和体型

模特姓名：________________________________

模特肤色分析：________________________________

模特体型分析：________________________________

二、模特服饰搭配所用技巧分析

____

____

____

____

表 3 – 5　　活动过程评价

班级		小组成员				
组名						
序号	评价要点	分值（分）	得分（分）	得分（分）	得分（分）	得分（分）
1	模特肤色和体型分析准确	10				

续　表

序号	评价要点	分值（分）	得分（分）	得分（分）	得分（分）	得分（分）
2	服饰搭配和谐	10				
3	服饰搭配美感度高	20				
4	阐述服饰搭配技巧恰当	20				
5	服饰对应的客户分析到位	20				
6	服饰介绍时小组的整体表现好	20				
合计		100				

任务拓展与作业

为老师或者班主任推荐一套适合其的服饰，可以通过观察或者询问了解其需求，然后在购物网站上找一套服饰，在服饰图片上标注好姓名，并将图片上传到指定平台。

项目三　服饰保养

任务情境

门店来了一位怒气冲冲的客户，一进店就直奔服务台说："你们卖的这是什么衣服，花了我几百元，刚洗一次，缩水这么严重，我都穿不下了……"原来客户购买的是一件羊毛衫，在清洗时直接扔进了洗衣机，虽说是客户不懂正确的衣服洗涤方法导致的缩水，但是导购员在销售时若没有提醒客户，就容易导致这样的客户投诉。

任务分析

（1）学会使用蒸汽挂烫机对衣服进行熨烫、保养。

（2）为特定的服饰类型提供对应的保养方法。

知识储备

1. 纯棉类服饰的洗涤与保养

棉织物耐碱不耐酸，建议使用中性洗涤剂洗涤，保护色泽；洗衣液不可直接倒在衣服上，会造成局部褪色；建议单独手洗，不能浸泡，洗涤时间不宜过长，深色服装洗涤时会产生浮色；白色棉质衣服因水质不好或潮气过重会出现泛黄现象，请保持存放处的通风干燥；洗涤时水温高于30摄氏度易褪色；不宜在太阳下暴晒，应反晾至通风处阴干。

2. 棉麻类服饰的洗涤与保养

棉麻类服饰可用各种洗涤剂洗涤。洗涤前，可放在水中浸泡几分钟，但不宜过久，以免褪色；忌用硬刷用力搓，以免布面起毛；洗后不要用力拧绞；有色织物不要用热水烫泡；棉麻一般不怕日晒，但不宜长时间暴晒，建议反面晾晒；收纳时要叠放平整，避免潮湿、闷热、不通风、衣柜不洁等引起衣物霉变。

3. 丝绸类服饰的洗涤与保养

丝绸面料相对比较娇嫩，洗涤时，应选择手洗，不宜机洗；建议使用中性或酸性的洗涤用品，不宜使用碱性的洗涤用品，如洗衣粉、碱性肥皂、香皂等；可采用洗发水或沐浴露洗涤；使用温水或冷水为宜，不同颜色的丝绸要分开洗涤；要做到反面晾晒，抖直后在阴凉处晾干，忌暴晒；不可在粗糙的工具上揉搓，不宜热烘；如果需要熨烫，温度控制在120—140摄氏度，不可直接接触绸面，必须在上面加盖一层白色湿布再烫，以防高温使丝绸发脆，甚至烧焦；洗净后尽量密封存放，防止灰尘污染，不可放樟脑丸。

4. 含毛类服饰的洗涤与保养

羊毛不耐碱，建议使用中性洗涤剂，最好采用羊毛专用洗涤剂；可冷水短时间浸泡，洗涤水温不超过40摄氏度；适合采用挤压洗，忌拧绞，建议干洗；洗完以后平摊阴干或半悬挂阴干，不要暴晒；收藏时注意通风透气，保持干燥，可放适量防霉防蛀剂。

5. 真皮类服饰洗涤与保养

真皮可用湿布擦洗，较脏部位可用淡皂液清洗，勿使水渗入皮革内或皮革缝；清洗后用软布擦干；皮革很容易发霉，天气好时可把皮衣适当晾晒，但不可在烈日下照射过长时间；特别注意防蛀和防潮，不宜使用塑料套密封保存，保存时一定要采取悬挂状态，不可折叠码放。

6. 化纤类服饰洗涤与保养

涤纶、腈纶、锦纶服饰可先用凉水浸泡15分钟，一般使用合成洗涤剂洗涤，洗涤水温不宜超过45摄氏度；领口、袖口等较脏可用毛刷刷洗，洗后可轻拧绞，置阴凉通风处晾干即可；涤纶、锦纶、维纶均不可暴晒，涤纶不宜烘干，否则受热后会起皱。

任务描述

（1）学生在教师的指导下分为4人一组，每组配一台蒸汽挂烫机。

（2）每组分配一套需要熨烫的服饰，要求小组每位成员都动手操作，将其中一件衣服熨烫好，再用衣架进行悬挂。

（3）完成实训任务书，根据不同的服饰为客户提供洗涤或保养建议，可利用互联网查找相关资料。

（4）小组之间互相检查，给出评分。

实训准备

（1）每组配备手机或平板电脑一台。

（2）蒸汽挂烫机若干台、服饰若干套、衣架若干个。

任务评价

实训任务书如表3－6所示，活动过程评价如表3－7所示。

表 3－6　　实训任务书

如果客户购买了以下服饰，作为服饰导购员，应该如何给客户提出洗涤或保养意见呢？请将要说的话写在横线处。

（1）女士双面羊绒大衣。

____

____

____

（2）真皮大衣。

____

____

____

（3）羽绒服。

____

____

____

（4）真丝连衣裙。

____

____

____

表 3－7　　活动过程评价

班级		评分小组成员		
序号	评价要点	分值（分）	得分（分）	存在问题
1	衣服熨烫是否细致到位	30		
2	不同服饰的保养建议是否正确	40		
3	语句描述是否通顺	20		
4	是否存在错别字 （1 个错字扣 1 分）	10		
合计		100		
评价等级（合计分数 85 分以上为 A，70～85 分为 B，60～69 分为 C，60 分以下为 D） 评价人需提出改进意见				

任务拓展与作业

以小组为单位对实训室的服饰进行盘点，时间为 10 分钟，按照完成的速度和准确率进行排名，给予相应的成绩。

项目四　服饰陈列

任务情境

对比四张门店服饰陈列的照片（见图 3－1），人们更愿意进入哪家店面购物呢？

图 3－1　门店服饰陈列（组图）

任务分析

完成服饰叠装、挂装陈列。

知识储备

许多人看到好看的橱窗就会放慢步伐，看到好看的店面就会产生进店的冲动，而看到店内挂起来好看的衣服，就会有试穿的欲望，试穿后好看的话就会买下来……许多品牌店甚至花大价钱雇陈列师定期到店铺进行陈列，可见服饰陈列对店面销售的影响力有多大。因此要学习正确的、吸引人的服饰陈列方法，要熟知相关的规则，以提高店面销售量。

一、叠装陈列

叠装陈列是把服装折叠后的陈列展示（见图 3－2）。

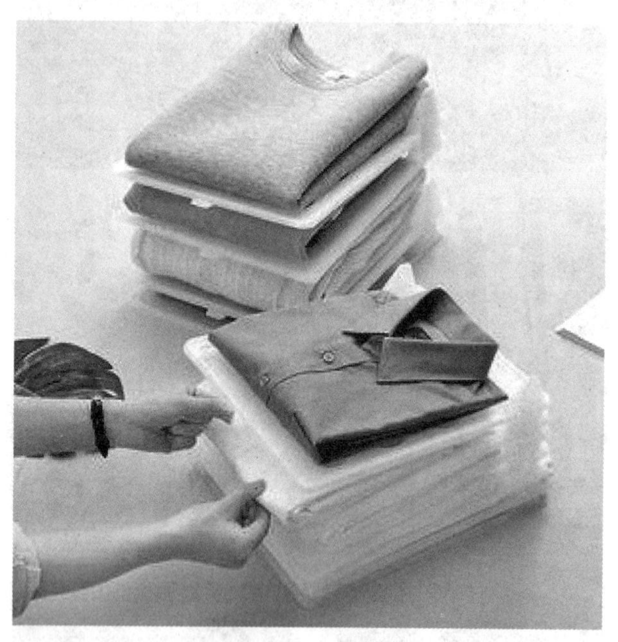

图 3－2　叠装陈列

叠装陈列有利于节省空间，扩充容量，同时能给客户一种简约感与层次感。

叠装陈列应当注意以下几点。

（1）叠装陈列区域不得有非同类服装出现。

（2）每叠服装不宜过厚，一般 4 件左右为宜。

（3）每叠服装应保持行间距 5～15 厘米。

（4）叠装展示对于客户视线有一定的阻碍，所以就近位置应有产品图册及着装人体模特。

（5）叠装的色块渐变序列应依据客户流向，自外场向内场由浅至深。

（6）及时整理客户挑选过的商品，保障服装的整洁与有序。

二、挂装陈列

挂装陈列（见图3－3）一般是用衣架把衣服挂上，这样才可以全面展示商品的特性，易于形成色块视觉冲击和渲染气氛，使消费者用眼就能认识、了解该商品。挂装陈列又分为点挂和侧挂两种。在有限的卖场内，不可能过多以挂装陈列，一般是挂装陈列配合叠装陈列。

图3－3　挂装陈列

（一）点挂陈列

点挂也叫正挂，主要展示的是衣服正面的效果，是吸引消费者进入店铺的重要手段之一。

点挂可以让人看到服装的正面效果，适合展示服装的款式、装饰特点，视觉效果突出。点挂能够充分地展现服装的美感，以及展示服装的搭配，它能够直观、充分地体现衣服的细节，具有很好的吸睛作用。

点挂陈列应该注意以下几点。

（1）正面挂装应配置价格标签，控制好间距，让衣服看起来有美感，注意尺码顺序，一般是从小到大从外到内排列。

（2）同系列商品应挂列在同一展示区域。同时，男女服装应进行分列挂示。

（3）点挂的服装颜色应该按照由外向内、从前到后、由浅至深的顺序排列。

（4）点挂要注意色彩搭配，遵循视觉上井然有序的原则，同时重视连带，增强服饰的整体感。

（二）侧挂陈列

有句话说得好，“侧挂做得好，销量少不了”。侧挂陈列是将衣服呈侧面挂在货架上的一种陈列形式。侧挂陈列适合客户进行对比挑选，同时方便导购员依照产品顺序进行依次讲解。侧挂陈列主要有三种方法。

1. 琴键法

琴键法又称间隔法，即按照服装颜色的“深—浅—深—浅”间隔陈列，就像黑白琴键一样，让整体陈列面视觉效果分明，客户看到也会觉得很舒适。

2. 渐变法

渐变法是将产品按照色彩的明度、纯度依次陈列开来，产品看起来色彩非常丰富，具有很强的秩序美感和空间的延伸感，会不由自主地吸引人往前走。

3. 重复法

重复法主要有形式重复、色彩重复和元素重复三种。形式重复是将商品有规律地反复排列，具有统一、整齐的美感；色彩重复是在侧挂出样的时候，将商品按照一定的色彩规律重复；元素重复是将同种、同类元素商品进行有机组合。

在进行侧挂陈列时应该注意以下几点。

（1）控制侧挂的色彩数量。

打造好的视觉效果，同组侧挂中的色彩不宜太杂，控制在 3 种颜色以内，这样会让侧挂的商品看起来更有品质，主推明确，能很好地引导消费试穿（见图 3 – 4）。

图 3 – 4　控制侧挂的色彩数量

（2）控制侧挂的元素种类。

同组侧挂中的元素不宜超过三个，太多了就没有重点，就会给客户增加选择成本，从而降低选购率（见图 3 – 5）。

图 3－5　控制侧挂的元素种类

（3）考虑联想功能。

通常客户会在浏览侧挂商品后选择试穿，所以在侧挂中要考虑到联想的功能，将关联产品适当陈列，既可以有效区隔产品，也可以起到连带销售的作用（见图 3－6）。

图 3－6　考虑联想功能

（4）考虑便利性。

侧挂陈列按成套搭配的方式挂，内搭、外套、下装为一个组合，这样的好处就是能快速地找到合适搭配，不仅有益于消费者挑选，同时更便于连带销售（见图 3－7）。

图 3－7　考虑便利性

任务描述

（1）学生在教师的指导下分为 4 人一组。

（2）将准备好的服饰进行叠装陈列和挂装陈列。

（3）其他小组观察和记录小组的表现，留下服饰陈列的照片。

（4）根据评分要点给出评分。

实训准备

（1）每组配备手机或平板电脑一台。

（2）服饰若干。

任务评价

活动过程评价如表 3－8 所示。

表 3－8　活动过程评价

班级		评分小组成员			
序号	评价要点		分值（分）	得分（分）	存在问题
1	叠装陈列是否整齐、美观		30		
2	挂装陈列效果如何		30		

续　表

<table>
<tr><th>序号</th><th>评价要点</th><th>分值（分）</th><th>得分（分）</th><th>存在问题</th></tr>
<tr><td>3</td><td>整体陈列效果如何</td><td>40</td><td></td><td></td></tr>
<tr><td colspan="2">合计</td><td>100</td><td></td><td></td></tr>
<tr><td colspan="3">评价等级（合计分数85分以上为A，70～85分为B，60～69分为C，60分以下为D）
评价人需提出改进意见</td><td colspan="2"></td></tr>
</table>

任务拓展与作业

自学丝巾和领带的系法，要求掌握至少5种丝巾的系法和5种常规领带的系法，录制相应的视频上传至教学平台。

项目五　服饰销售流程

任务一　亲切迎宾

任务情境

小李正式成了一名服装导购员实习生，他在中午休息时间请教店长，希望店长能指导他。店长说："要想成为一名优秀的导购员，首先需要明确服饰的销售流程，一般其可以分为七个步骤，今天你就练习第一步——亲切迎宾吧。"

任务分析

（1）根据服装导购员形象要求着装。

（2）使用标准话术完成迎宾。

（3）使用规范的标准动作完成迎宾。

知识储备

一、亲切迎宾的形象要求

导购员的形象体现了对客户的尊重。建立良好的第一印象是导购员必须要学会的，门店主要从发型、妆容、手部、配饰、制服、鞋袜等方面对导购员的良好形象做出了具体要求。

1. 发型

男同事：三不过——前不过眉、侧不过耳、后不过领，保持清洁。

女同事：长发盘起，短发清爽。

2. 妆容

淡妆上岗，及时补妆。

3. 手部

不留长指甲，保持整洁。

4. 配饰

全身配饰不超过三件：手表、戒指、耳钉。配饰需简洁大方，忌夸张。戒指应为指环戒。

5. 制服

整洁平整，及时清洗，店内统一。

6. 鞋袜

女同事穿黑色高跟皮鞋，包头，无装饰物，鞋跟3—5厘米。

二、亲切迎宾的语言要求

导购员的语言体现了对客户的关怀。

1. 统一欢迎用语

“欢迎光临××男装!”

2. 根据特殊时段调整欢迎用语

“新年好！欢迎光临××男装!”

3. 根据店铺信息调整欢迎用语

“欢迎光临××男装！春装新品上市!”

4. 老客户有专属用语

“李先生，好久没见，最近是不是又出差啦?”

三、亲切迎宾的动作要求

导购员的动作体现了对客户的引导。

1. 迎宾站位

营业期间站在入口固定迎宾，面对主客流来向，有效引导客户进店，若左右客流相当，则统一站立在入口右边。

2. 迎宾站姿

女同事：身姿挺拔，面带微笑，左手在上右手在下，右手轻松握拳，左手四指并拢，食指贴右手骨关节，左手拇指轻扣右手虎口，双手置于小腹前，左脚跟置于右脚脚弓处，双脚呈45°角。

男同事：身姿挺拔，面带微笑，双脚分开，与肩同宽，左手在上右手在下，右手轻松握拳，左手四指并拢，食指贴右手骨关节，左手拇指轻扣右手虎口，双手置于小腹前。

3. 鞠躬标准

眼神接触，微笑欢迎，而后15°鞠躬。

4. 指引标准

五指并拢，手掌自然伸直，掌心斜向上方，与地面呈45°角，手腕伸直，手与小臂成直线，手肘约呈90°角，手臂自然下垂。

任务描述

（1）学生在教师的指导下分为4人一组。

（2）按照服饰导购员形象要求完成着装，调整发型。

（3）小组成员轮流扮演服饰导购员，练习迎宾话术和标准动作。

（4）其他同学在扮演客户时必须对导购员所使用的迎宾话术和动作做出评价。

（5）上传本组表现最好的导购员进行迎宾的视频。

实训准备

（1）着装准备：①正装一套；②化妆品一套（满足职业妆需求即可）。

（2）每组配备手机或平板电脑一台。

任务评价

活动过程评价如表3－9所示。

表3－9　　活动过程评价

班级		评分人		日期	
序号	评价要点		分值（分）	得分（分）	存在问题
1	形象符合销售人员要求		20		
2	能使用标准迎宾语		30		
3	迎宾时站姿符合标准		10		
4	迎宾时鞠躬符合标准		20		
5	迎宾时指引动作符合标准		10		
6	始终保持微笑		10		
合计			100		
评价等级（合计分数85分以上为A，70～85分为B，60～69分为C，60分以下为D） 评价人需提出改进意见					

任务拓展与作业

女生在课后学习至少3种丝巾的系法，男生学习领带的系法，并上传相应照片。

任务二　探寻客户需求

任务情境

小李在门店练习了一天的迎宾，已经能够掌握迎宾的语言和标准动作了。接下来店长让小李学习的是服饰销售流程的第二步——探寻客户需求。

任务分析

（1）通过“望”（观察）了解客户需求。

（2）通过“闻”（聆听）探寻客户需求。

（3）通过“问”（提问）把握客户需求。

（4）通过“切”（判断）切入客户需求。

知识储备

客户的需求是销售行为的关键，但是客户不会每次都毫无保留地告诉导购员，所以导购员要通过“望”“闻”“问”“切”，了解客户需求，对客户需求进行分析，最终掌握客户需求，才能达成销售。

一、“望”——观察客户，了解客户需求

观察客户的着装风格、色彩、行为举止等。

例如导购员看到一位客户，年龄在五十多岁，穿着很朴素，但是给人感觉很有涵养、气质，面对这样的客户导购员大概会想什么呢？

二、“闻”——聆听客户心声，探寻客户需求

导购员可以在客户闲谈或者倾诉过程中挖掘出客户的潜在需求。这要求导购员做到眼神接触、专心致志、积极回应，并做到不急于打断客户说话。

三、“问”——提问客户，把握客户需求

1. 开放式提问

例：“您是要在什么场合穿着呢？”

2. 选择式提问

例：“您更喜欢V领、圆领还是翻领呢？”

3. 封闭式提问

例:“您更喜欢这款蓝色的是吗?”

四、“切”——判断节点,切入客户需求

1. 掌握销售时机

如客户停留、触摸、翻看、询问……

2. 找出客户需求

经过“望”“闻”“问”以后,总结出客户的真正需求。

3. 分析客户购买动机

求实、求廉、求新、求美、求名……

任务描述

(1)学生在教师的指导下分为2人一组,其中1人扮演服饰导购员,另1人扮演购买服饰的客户。

(2)服饰导购员通过“望”“闻”“问”“切”为客户在网上找到一款适合对方的服饰,并将图片保存。

(3)扮演服饰导购员的同学填写相应任务书,扮演客户的同学填写评价表,为同学做出评价。

(4)两人交换角色,重新完成实训任务。

实训准备

每组配备手机或平板电脑一台。

任务评价

实训任务书如表3-10所示,活动过程评价如表3-11所示。

表3-10　实训任务书

一、“望”——观察客户,了解客户需求 (1)请描述客户着装风格、色彩、行为举止等给人的印象。 ____________________ ____________________ (2)通过观察以后,你认为客户购买服饰会有哪些需求点? ____________________ ____________________

续 表

二、“闻”——聆听客户心声，探寻客户需求

（1）你听到客户跟你说了什么？

（2）通过聆听以后，你认为客户购买服饰的需求是什么？

三、“问”——提问客户，把握客户需求

（1）你向客户提了哪些问题？

（2）通过询问以后，你认为客户购买服饰的需求是什么？

四、“切”——判断节点，切入客户需求

（1）你最终判断客户所需要的是什么样的服饰？

（2）客户对你推荐的服饰满意吗？请对你的表现进行总结。

表 3－11　　活动过程评价

班级		评分人		日期	
序号	评价要点		分值（分）	得分（分）	存在问题
1	导购员是否认真倾听		20		
2	提问客户是否恰当		20		
3	是否准确挖掘出客户需求		20		
4	推荐服饰是否满意		40		
合计			100		
评价等级（合计分数 85 分以上为 A，70～85 分为 B，60～69 分为 C，60 分以下为 D） 评价人需提出改进意见					

任务拓展与作业

服饰导购员在探寻客户需求时都可以如何提问客户呢？可以上网搜索，列出至少 10 个挖掘客户需求的问题。

任务三　产品介绍

任务情境

在明确客户需求以后，导购员根据客户需求向客户推荐相应的服饰，如何才能将选好的服饰介绍给客户，以达到客户满意呢？这便是小李即将学习的服饰销售流程的第三步——产品介绍。

任务分析

运用 FABE 销售法进行产品介绍。

知识储备

FABE 销售法是非常典型的利益销售法，非常具体、具有高度、可操作性很强。它通过四个关键环节，极为巧妙地回答客户关心的问题，从而顺利地实现产品的销售。

一、FABE 销售法介绍

（一）FABE 销售法含义

1. F 代表特性（Feature）

F 包括服饰的最基本功能，以及它是如何满足人们的各种需要的，如它的面料、色彩、设计、工艺等方面的内在属性，尤其是与其他品牌产品的差异点。特性毫无疑问就是品牌所独有的。

2. A 代表优点（Advantage）

A 代表由上述特性所产生的优点，即 F 所列的产品特性究竟发挥了什么功能。它是要向客户证明“购买的理由”，与同类产品相比较，列出比较优势；或者列出这个产品独特的地方。可以直接或间接去阐述，例如：更舒适、更高档、更实用。

3. B 代表利益（Benefit）

B 代表优点能带给客户的利益，即产品的 A 带给客户的好处。利益点是根据产品本身特性、优点所延伸出来的带给客户的具体感受。特性、优点更多趋向于产品本身，而利益点更多地从客户角度出发。例如很多人购买速干面料的衣服，在意的不是面料为什么能速干，而是这种衣服穿在身上更舒适，让人感觉不到运动时汗水带来的不适。

4. E 代表证据（Evidence）

E 包括技术报告、报纸杂志、海报照片等。导购员通过现场演示相关证明文件，利用品牌效应来印证刚才的一系列介绍。所有作为证据的材料都应该具有足够的客观性、权威性、可靠性和可见证性。

（二）FABE销售法的句式结构

针对不同客户的购买动机，把最符合客户要求的产品内容向客户推介是最关键的，为此，最精确有效的办法，是利用特性（F）、优点（A）、利益（B）和证据（E）。

其标准句式是："因为（特性）……所以（优点）……对您而言（利益）……您看（证据）……"

王女士想要给自己两岁的女儿买一件风衣，她去了两家童装店。阅读以下内容，判断王女士会选择在哪家店购买。

A店店员："阿姐，请问你买给多大孩子穿呀？"

王女士："两岁小姑娘的风衣有没有啊？"

A店店员："有！这边有件新款，才到的，很漂亮。"

王女士去看那款风衣，仔细看了半天，沉默不语。

A店店员："可以吧，挺好看的！就这款怎么样？"

王女士："我再想想。"

B店店员："阿姐您好，请问您想买给多大的宝宝穿呀？"

王女士："两岁小姑娘的风衣有吗？"

B店店员："有的，请到这边看，这里有刚到的新款。它的里料是纯棉的，不刺激宝宝的皮肤，而且透气性好，面料是聚酯纤维的，不但防风，还易洗易干，保养也非常方便。您看，这袖口还做了松紧带和魔术贴，衣服不容易进风，带宝宝出门也不怕她运动的时候进了冷风而感冒了！"

王女士："可是我没带宝宝来，不知道她穿着好不好看？"

B店店员："没关系的阿姐，你看看我们的品牌图册，上面有我们的小模特穿这款风衣拍的照片。"

二、服饰产品介绍语言表达技巧

（1）站在客户的角度。

（2）少用或不用否定语句。

（3）适当赞美，具体细致。

（4）沉默不是金。

三、服饰产品介绍注意事项

（1）快速取下产品，引导客户感受。

（2）若客户未指定，从中等价位开始介绍。

（3）推荐的产品不宜过多，每类两三件为宜。

（4）推荐的产品不宜雷同，需具有可比性。

（5）忌借贬低其他产品抬高介绍的产品。

任务描述

（1）同学们以上一个任务挑选出的服饰作为介绍训练的产品，完成实训任务书的填写。

（2）扮演服饰导购员的同学运用 FABE 销售法向客户介绍该款服饰。

（3）扮演客户的同学根据评价要点对导购员进行评分。

（4）两人交换角色，重新完成实训任务。

（5）随机抽选小组进行公开展示。

实训准备

每组配备手机或平板电脑一台。

任务评价

实训任务书如表 3－12 所示，活动过程评价如表 3－13 所示。

表 3－12　　实训任务书

一、该款服饰的 F（特性） ____________________ ____________________
二、该服饰 F 对应的 A（优点） ____________________ ____________________
三、A 优点给客户带来的 B（利益） ____________________ ____________________
四、E（证据）是什么 ____________________ ____________________
五、运用 FABE 销售法介绍该服饰的话术 ____________________ ____________________ ____________________

表 3-13 活动过程评价

班级		评分人		日期	
序号	评价要点		分值（分）	得分（分）	存在问题
1	F（特性）表达是否合理		20		
2	A（优点）表述是否合理		20		
3	B（利益）表述能否吸引客户		20		
4	E（证据）是否充分、有吸引力		10		
5	FABE 话术表达是否顺畅		20		
6	是否面带微笑，举止得体		10		
合计			100		
评价等级（合计分数 85 分以上为 A，70～85 分为 B，60～69 分为 C，60 分以下为 D） 评价人需提出改进意见					

任务拓展与作业

请根据以下产品的 F（特性）表述，进行该产品 A（优点）、B（利益）、E（证据）的补充描述，可借助互联网查找相关信息。

（1）全掌气垫跑步鞋。

A（优点）________________

B（利益）________________

E（证据）________________

（2）含绒量达到 90% 的白鸭绒羽绒服。

A（优点）________________

B（利益）________________

E（证据）________________

任务四 试衣服务

任务情境

“服饰是一种体验感很强的产品，导购员说得再好也不如让客户一试，只有增强客户体验才能进一步促成交易，因此服饰销售流程的第四步就是试衣服务。”店长告诉小李，在接待客户以后要尽可能地让客户进入试衣间，如果客户不愿意试穿，基本上成交的机会很小。

任务分析

引导客户进行试衣，为客户提供试衣服务。

知识储备

现在越来越多的人喜欢体验式消费，他们购买的是一种体验式的服务，这是网络购物所不能做到的，因此实体店导购员更重要的是为客户提供好体验式服务，增加与客户之间的互动，给客户创造一个舒适的购物环境非常重要。而这种体验式服务更多体现在试衣环节。试衣服务一般可以分为试衣前、试衣中、试衣后。

一、试衣前

1. 邀请试衣

如何才能邀请客户试衣呢？导购员的语言表达要到位，具体参考话术如下。

（1）告诉客户衣服穿上后会如何。

“衣服穿上会显得肤色更亮，看起来很有精神，您可以试试……”

（2）让客户试衣做对比看看更喜欢哪款。

“您可以两款都试穿下，看哪款您更喜欢。”

（3）告诉客户选衣服要更注重效果。

“衣服还是要穿上身才更显效果，试衣间在这边，您请。”

（4）给客户提供新衣试穿。

“仓库有新的，给您拿一件新的来试穿看看吧！”

2. 确认尺码

以为男性客户量腰围为例，其规范如下。

（1）询问客户穿着习惯。

（2）测量位置应与客户腰带位置平行，站在客户身体的一侧进行测量，标准用语为“先生，您好，我帮您量一下腰围”。把软尺置于客户腰部皮带位置，从左侧绕到右侧，绕过一圈之后，应有1个手指的松度，与客户确定腰围时可说：“先生，您好，您的腰围是……”

3. 一路引领

避免客户寻找麻烦，还可体现无微不至的服务。

4. 解开衣物

解开产品的扣子、拉链，方便客户试穿。

5. 敲门确认，避免尴尬

6. 挂好衣物，方便试穿

7. 确认件数

参考话术为“先生，您好，这是您要试穿的衬衫和西裤，帮您挂好了”。

8. 请客试衣

参考话术为“先生，您好，您可以进来试穿了”。

二、试衣中

1. 保持关注，随时提供服务

参考话术为“先生您好，您有任何问题可以随时叫我，我叫 × × ×，我就在试衣间附近”。

2. 与客户同伴或亲友交谈

不冷落客户亲友，提高成交概率，挖掘潜在消费。

3. 预想穿着效果，准备赞美说辞

4. 做好连带销售准备工作

准备好搭配款，包括外套、内搭、下装、饰品。

三、试衣后

1. 整理细节

2. 修正印象

修正客户对产品的误解，强化产品卖点。

3. 搭配配饰

4. 真诚赞美

真诚自然，发自内心，赞美客户而非产品。

任务描述

（1）学生在教师的指导下分为 4 人一组，其中 1 人担任观察员，1 人担任导购员，2 人扮演一起购买服饰的客户。

（2）扮演服饰导购员的同学引导其中一位客户完成试衣服务。

（3）观察员负责细节拍摄，找出导购员做得不到位的地方，扮演客户的同学根据评价要点对导购员进行评分。

（4）组内交换角色，重新完成实训任务。

（5）随机抽选小组进行公开展示。

实训准备

（1）每组配备手机或平板电脑一台。

（2）准备多套西装外套。

任务评价

活动过程评价如表 3－14 所示，观察员活动过程评价如表 3－15 所示。

表 3－14　　活动过程评价

班级		评分人		日期	
序号	评价要点		分值（分）	得分（分）	存在问题
1	试衣前的服务是否到位		20		
2	试衣过程中服务是否到位		20		
3	是否与客户同伴进行交谈		10		
4	试衣后的服务是否到位		20		
5	对整体试衣服务是否满意		20		
6	是否面带微笑，举止得体		10		
合计			100		
评价等级（合计分数 85 分以上为 A，70～85 分为 B，60～69 分为 C，60 分以下为 D） 评价人需提出改进意见					

表 3－15　　观察员活动过程评价

观察要点	导购员存在的问题
试衣前的服务	
试衣中的服务	
试衣后的服务	

任务拓展与作业

客户完成试衣后，导购员可以用哪些话来进行赞美？请写出至少 5 条，可以借助互联网进行资料收集。

（1）____________________

（2）____________________

（3）____________________

（4）______________________________

（5）______________________________

任务五 促成交易

任务情境

小李跟着店长学习了近一个星期后，迫不及待地跟店长申请让自己独立去接待一位客户。店长答应了，小李信心满满地去挑战自己的新任务，可是半天过去了，他接待了3位客户，聊得都挺好，可就是没能成交，直到下班他只成交了一位客户。店长把一切都看在眼里，对小李说："其实你今天表现都不错，从亲切迎宾到给客户提供试衣服务，都挺到位了，只是差在提高成交率了。"

任务分析

处理客户异议，促成最后交易。

知识储备

每个人的背景不同，立场不同，对于一件服装，自然也会有与导购员不同的看法，因此在销售过程中客户会提出许多不同的意见，这便是客户异议，而化解客户异议的最终目的是促成购买。有些导购员可能会忘了这一目的，而把与客户的沟通当成了一场辩论赛，认为客户的异议就是反方意见，自己则是要把其观点驳斥回去。但是，赢了辩论，也有可能赶走了客户，对导购员没有任何好处。因此，导购员采取的任何一种处理方法都是为了让客户买下商品。

一、客户异议的含义

客户异议又称销售障碍，指客户针对销售人员及其在销售过程中的各种活动所做出的一种反应，是客户对产品、销售人员、销售方式和交易条件发出的疑问，提出的否定或问题。

二、客户异议产生的原因

1. 客户本身的原因

如决策权有限、预算不足、对产品了解不足、客户自我保护等。

2. 导购员的原因

如导购员本身的素质、信心不足，销售技巧不到位，专业知识不扎实等。

3. 产品本身的原因

如客户不满意服饰的风格、颜色、尺码、价格、品牌等。

4. 公司原因

如客户不满意该公司的知名度不高、美誉度不高、经营管理水平不高等。

三、客户异议处理的方法

1. 转折处理法

转折处理法即导购员根据有关事实和理由来间接否定客户的意见。导购员首先承认客户的看法有一定的道理，也就是向客户做出一定的让步，然后讲出自己的看法。此法一旦使用不当，可能会使客户提出更多的异议，在使用过程中要尽量少使用“但是”一词，而实际交谈中却包含“但是”的意见，这样效果会更好。只要灵活掌握这个方法，就会保持良好的洽谈气氛，为谈话留有余地。

例如客户提出服装颜色过时了，导购员可以这样回答：“小姐，您的记忆力的确很好，这种颜色几年前就已经流行过了，我想您是知道的，服装的潮流是轮回的，如今又有了这种色彩回潮的迹象。”

2. 利用处理法

利用处理法，也称转化处理法，是利用客户的反对意见本身来处理异议，客户的反对意见有双重属性，它既是交易的障碍，又是一次交易的机会，导购员要是能利用其积极因素抵消消极因素，未尝不是一件好事。

例如客户提出现在店内的羽绒服比去年贵许多，导购员可以回答客户：“是的，今年的羽绒服价格确实比上一年高了不少，主要是人工和原材料费用都在上涨，听说年后还会继续涨呢！现在不买可能以后这个价也买不到了。”

3. 补偿处理法

补偿处理法指客户的反对意见的确切中了产品或公司所提供的服务中的缺陷，千万不可以回避或直接否定，明智的方法是肯定缺点，然后淡化处理，利用产品的优点来补偿甚至抵消这些缺点，这样有利于使客户的心理达到一定程度的平衡，有利于客户做出购买决策。

例如客户提出衣服有小瑕疵，有质量问题，导购员可以从容地告诉他：“这件衣服确实有一点瑕疵，所以我们才进行特价处理的，价格比原先优惠了近 200 元，但这个瑕疵所在的地方又不会影响您实穿和上身效果，很划算的。”

4. 询问处理法

在无法了解客户拒绝的理由时，导购员可以通过谦虚委婉询问了解客户更多的需求信息。例如客户提出店内衣服比别家的要贵，这时导购员可以很委婉地询问："姐，不知您说的是哪个品牌的服饰呢？"

5. 反驳法

反驳法是导购员根据事实直接否定客户异议的处理方法。直接否定因为语气比较强硬，容易造成客户不满，一般仅适用于处理客户的误解、成见、信息不充分等导致的有明显错误、漏洞、自相矛盾的异议，不适合于处理个性、情感等因素引起的客户异议。

例如客户对羽绒材质表示怀疑时，导购员可以斩钉截铁地告诉客户："您放心，我们的羽绒都是正规的白鸭绒，我们有证书证明的。"

6. 忽视法

对于客户一些不影响成交的反对意见，导购员可以采用不理睬的方法，最好不要反驳。

例如如果有客户提出："你们服装的代言人怎么找×××啊，我不喜欢她。"推销员可以微笑带过。

四、有效引导成交

1. 耐心服务

决不催促、不压迫客户进行成交。

2. 使用有效的语言暗示

例如："我帮您量下裤长，马上帮您送去改。"

"就这件？我帮您包起来。"

"您是刷卡还是付现金呢？"

3. 做出有效的行为引导

迅速取出客户需要的货品，引导客户前往收银台。

任务描述

（1）学生在教师的指导下分为 2 人一组，1 人扮演服饰导购员，另 1 人扮演客户。

（2）所有学生先完成实训任务书。

（3）根据实训任务书进行角色扮演，模拟处理服饰销售过程中的客户异议。

（4）扮演客户的同学填写评价表，对导购员做出评价。

（5）组内交换角色，重新完成实训任务。

（6）随机抽选小组进行公开展示。

实训准备

每组配备手机或平板电脑一台。

任务评价

实训任务书如表 3－16 所示，活动过程评价如表 3－17 所示。

表 3－16　　实训任务书

以下是客户在购买服饰过程中提出的 6 个异议，如果你是导购员，该如何处理这些客户异议呢？请在相应位置写出你的回答。可借助互联网搜索相关资料辅助回答。

（1）客户："这个麻的面料很容易皱的。"

导购员：________________________________

（2）客户："真丝的衣服确实很舒服，可是每次都要干洗，好贵啊！"

导购员：________________________________

（3）客户："你们跟某品牌差不多，价格却比它高这么多。"

导购员：________________________________

（4）客户："我来你们店好几次了，我是诚心想要，你再便宜点我就买了。"

导购员：________________________________

（5）客户："这款不是纯棉的衣服，算了，我喜欢穿纯棉的。"

导购员：________________________________

（6）客户："衣服我觉得还可以，你便宜点吧，再少 50 元我就要了。"

导购员：________________________________

表 3－17　　活动过程评价

<table>
<tr><td>班级</td><td></td><td>评分人</td><td></td><td>日期</td><td></td></tr>
<tr><td>序号</td><td colspan="2">评价要点</td><td>分值（分）</td><td>得分（分）</td><td>存在问题</td></tr>
<tr><td>1</td><td colspan="2">对异议处理是否满意</td><td>30</td><td></td><td></td></tr>
<tr><td>2</td><td colspan="2">导购员是否始终面带微笑</td><td>20</td><td></td><td></td></tr>
<tr><td>3</td><td colspan="2">导购员举止是否得体</td><td>20</td><td></td><td></td></tr>
<tr><td>4</td><td colspan="2">是否正确引导客户成交</td><td>20</td><td></td><td></td></tr>
<tr><td>5</td><td colspan="2">导购员是否耐心服务</td><td>10</td><td></td><td></td></tr>
<tr><td colspan="3">合计</td><td>100</td><td></td><td></td></tr>
<tr><td colspan="4">评价等级（合计分数 85 分以上为 A，70～85 分为 B，60～69 分为 C，60 分以下为 D）
评价人需提出改进意见</td><td colspan="2"></td></tr>
</table>

任务拓展与作业

关于暗示客户成交的语言除了课堂上列出的例子，还有哪些呢？请写出至少 5 句能在销售环节暗示客户成交的话，可以借助互联网进行资料收集。

（1）______

（2）______

（3）______

（4）______

（5）______

任务六　收银服务

任务情境

许多独立的门店是需要店员自己完成收银服务的，而这一步也是导购员必须掌握的，如果收银工作不熟练，与客户结算出现错误，或是让客户等候太久，都会影响客户的满意度。服饰导购销售流程的第六步就是收银服务。

任务分析

为客户提供收银服务。

知识储备

（1）引导客户至收银台进行付款。

（2）与客户确认购买的产品和数量。

（3）唱收唱付。

收银服务规范语言和操作（刷卡收银）如下。

“先生，您好！您购买一件 × ×，一件 × ×，合计两件，一共是 × ×元。”

“请问您有 VIP 卡吗？”

“请问您是刷卡还是付现金？”

双手接过客户的卡，进行刷卡操作。

“先生，您好！请输入您的密码！”

“谢谢”，双手将刷卡单递交给客户，“先生，您好！这是您的消费小票，请确认签字。”

双手递交打印收银小票给客户，“先生，您好，这是您的收银小票，请您签字确认。”

回收客户的消费小票和收银小票，将客户的小票和卡整齐放一起。

“先生，您好！这是您的小票和银行卡，请您保管好！”

收银服务规范语言和操作（现金收银）如下。

“先生，您好！您购买一件××，一件××，合计两件，一共是××元。”

“请问您有 VIP 卡吗？”

“请问您是刷卡还是付现金？”

“您是付现金，您好，一共收您××元。”

找好零钱，将小票打印出来。

“先生，您好！找您××元！”找零需整齐叠放，尽量避免使用硬币，双手递上零钱。

取出客户联双手递给客户，“先生，您好！这个是您的小票，请您收好，上面有详细说明，还有店铺电话，请您保管好！”

（4）双手接递。

提醒客户要对所购买产品进行质量检查；吊牌放入衣内，按各大类产品折叠标准折叠整齐；裤子腰牌朝上，装入手提袋；用透明胶封住口袋；双手递交给客户。

（5）保养宣导。

针对不同的服饰提醒客户正确的保养方式。保养宣导可以体现店家对客户的细致关怀，延长产品使用寿命，避免客户洗涤保养不当造成售后问题。

任务描述

（1）学生在教师的指导下分为 4 人一组，1 人扮演服饰导购员，1 人扮演客户，其余 2 人扮演观察员。

（2）组内练习为客户提供收银服务，具体情境如下。

客户一：购买了一件连衣裙，价格 298 元，使用支付宝付款。

客户二：购买了一件衬衫，价格 148 元，一条裤子，价格 168 元，选择用现金付款。

客户三：购买了一件西装外套，价格 288 元，一件衬衫 148 元，商场活动满 300 元减 30 元，使用微信付款。

（3）扮演客户的同学填写评价表，对导购员做出评价。

（4）观察员负责拍摄实训短片或照片提交给老师，针对导购员不规范的地方给出指导。

（5）组内交换角色，重新完成实训任务。

（6）随机抽选小组进行公开展示。

实训准备

（1）西装等服饰若干套。

（2）购物袋若干个。

（3）点钞券若干，销售票据若干。

任务评价

活动过程评价如表 3－18 所示。

表 3－18　　活动过程评价

班级		评分人		日期	
序号	评价要点		分值（分）	得分（分）	存在问题
1	正确引导客户前往收银		10		
2	与客户确认产品和数量		10		
3	正确完成唱收唱付		20		
4	销售票据填写正确		20		
5	面带微笑、双手接递		20		
6	正确介绍服饰保养方法		20		
合计			100		
评价等级（合计分数 85 分以上为 A，70～85 分为 B，60～69 分为 C，60 分以下为 D） 评价人需提出改进意见					

任务拓展与作业

（1）如果客户在购买裤子时需要改裤脚，请问改裤脚是在收银前做还是收银后做呢？为什么？

（2）在客户等候修改裤脚的时候，导购员可以做什么呢？

任务七　送客服务

任务情境

在店长的帮助下，小李在门店的表现越来越熟练，已经完成摆脱了刚进店面的不知所措。今天店长告诉小李："服饰销售流程的最后一步是送客服务，不要认为客户已经买单了，就万事大吉了，如果最后一步没有做好，可能以后客户都不会再来了。因此我们要做好送客服务，争取在最后时刻继续为客户提供优质服务，让客户记住门店，记住你，通过长期的积累，你的业绩自然会不断提升……"

任务分析

为客户提供送客服务。

知识储备

送客服务一般需要做到以下四点。

1. 先送后迎

遇到新到的客户，不能因为原有的客户已经购买了产品，就因此冷落已经成交的客户，这是导购员服务的大忌，可能这个小小的动作会抹杀之前所有付出，因为客户会觉得导购员就是为了卖产品而服务于他。因此导购员必须做到优质服务不打折，保证完整的送客流程。对新进店的客户微笑点头，示意即可，在送客服务后马上接待进店客户。

2. 陪同出店

将客户送至门店门口，让客户感到自己备受重视，加深良好的服务印象。

3. 温馨提示

在陪同出店的同时给予客户一些温馨提示，不让场面尴尬，也可强化客户对导购员的服务印象。参考话术如下。

"雨天路滑，请留意！"

"天气多变，注意保暖！"

"我们提供免费熨烫服务，您随时可以把衣服带来，我们帮您熨烫。"

4. 真诚道别

标准的送别语如下。

新客户——"请慢走，欢迎下次光临！"

老客户——"×先生，慢走，有空常来店里坐坐！"

任务描述

（1）学生在教师的指导下分为 4 人一组，1 人扮演导购员，1 人扮演即将离店客户，1 人扮演刚进店客户，1 人担任观察员。

（2）小组成员轮流扮演服饰导购员，按照导购员要求开展送客服务练习。

（3）观察员负责拍摄实训短片或照片提交给老师，针对导购员不规范的地方给出指导。

（4）其他同学在扮演客户时必须对导购员提供的服务做出评价。

（5）随机抽选小组进行公开展示。

实训准备

每组配备手机或平板电脑一台。

任务评价

活动过程评价如表 3－19 所示。

表 3－19　　活动过程评价

班级		评分人		日期	
序号	评价要点	分值（分）	得分（分）	存在问题	
1	送客流程是否完整，服务是否到位	20			
2	送客时对于新入店客户迎接是否做到位	20			
3	陪同客户出店时是否提供温馨提示	20			
4	送别语表达是否正确	20			
5	是否面带微笑，举止得体	20			
合计		100			
评价等级（合计分数 85 分以上为 A，70～85 分为 B，60～69 分为 C，60 分以下为 D） 评价人需提出改进意见					

任务拓展与作业

导购员进行服饰销售具体可以分为哪七步？

（1）____________________

（2）____________________

（3）____________________

（4）____________________

（5）____________________

（6）____________________

（7）____________________

项目六　服饰营销综合训练

任务情境

在店长的耐心指导下，小李已经懂得了服饰销售的七个步骤，新的一天小李不再像之前那样茫然不知所措了，他热情地接待着每一位客户，能与客人友好沟通，也顺利地完成了自己的销售业绩，店长对他的表现很满意。同学们是否也可以独立完成服饰销售任务了呢?

任务分析

服饰销售模拟训练。

知识储备

服饰销售流程七个步骤如下。

（1）亲切迎宾。

（2）探寻客户需求。

（3）产品介绍。

（4）试衣服务。

（5）促成交易。

（6）收银服务。

（7）送客服务。

任务描述

（1）学生在教师的指导下分为 4 人一组，其中 2 人为一起购买服饰的客户，1 人为服饰导购员，1 人是观察员。

（2）模拟完成一次服饰销售，包括从客户进店到送客出店的全部过程。

（3）观察员仔细观察服饰导购员的表现，完成实训任务书的填写。

（4）观察员根据评分要点给出评分。

（5）组内交换角色进行服饰销售训练。

实训准备

（1）每组配备手机或平板电脑一台。

（2）每人准备一套服饰。

任务评价

实训任务书如表3－20所示，活动过程评价如表3－21所示。

表3－20　实训任务书

（1）客户扮演者的姓名是什么？

____

（2）该客户的需求是什么？

____

（3）导购员向客户推荐了几款服饰？你认为恰当吗？

____

（4）客户对导购员推荐的产品有何反馈？

____

（5）导购员对于客户提出的问题是如何处理的，你认为是否恰当？

____

____

表3－21　活动过程评价

班级		观察员		导购员	
序号	评价要点	分值（分）	得分（分）	存在问题	
1	亲切迎宾	10			
2	探寻客户需求	20			
3	产品介绍	20			
4	试衣服务	10			
5	促成交易	10			
6	收银服务	10			
7	送客服务	10			
8	全程面带微笑，举止得体	10			
合计		100			
评价等级（合计分数85分以上为A，70～85分为B，60～69分为C，60分以下为D） 评价人需提出改进意见					

任务拓展与作业

利用周末或假期寻找服装店的导购员工作，将所学的知识和技能运用到实践，上传兼职期间的工作照片，并上交一篇300字以上的实践心得。

模块四　化妆品营销

项目一　护肤技巧

任务一　皮肤基本知识

任务情境

小贺刚应聘进入一家品牌化妆品门店担任实习导购员，接下来就是为期 3 天的新员工培训，经理给他的第一个任务就是回去收集护肤相关的各种资料，所有新员工在培训结束后要进行护肤知识测验。

任务分析

了解皮肤基本知识，能够辨别不同肤质。

知识储备

好的销售必须非常熟悉自己的产品，甚至要成为这一方面的专家。在进行护肤品销售介绍时，客户经常会针对肤质提出一些问题，因此化妆品导购员必须清楚地知道肤质分类以及其各自的优缺点，才能根据肤质选择护肤品，并且解答客户疑问。

一、皮肤基础知识

1. 皮肤的构造

皮肤是人体表面一层柔软、均匀且可延伸的保护膜，与外界环境直接接触的一种组织，对人体起着极其重要的保护作用。皮肤具有三大特点：皮肤是人体最大的器官；是活的细胞组织；具有自愈功能。

2. 皮肤的分层

从上到下皮肤分为表皮层、真皮层、皮下组织共三层。

二、皮肤类型

人的皮肤具有高度异质性，每个人都有自己的皮肤特点。根据皮肤角质层含水量和油脂分泌情况，可以把皮肤分为四类，即中性皮肤、干性皮肤、油性皮肤和混合性皮肤。导购员必须根据消费者的皮肤状况进行化妆品推荐和针对性护理介绍。

一般而言，中性皮肤应以保湿为基础，可适当控油收敛，随气候变化选用护肤品。干性皮肤以保湿、滋润、美白、防晒为主。油性皮肤在控油的同时保湿，预防痤疮发生。混合性皮肤按面部的不同区域进行护理。

任务描述

（1）学生在教师的指导下分为4人一组。

（2）学生根据不同肤质类型，正确辨别出组内每位成员的肤质，并简单讲述该肤质的特点，并完成相应的实训任务书。

实训准备

（1）每组配备手机或平板电脑一台。

（2）几种肤质类型的样板。

任务评价

实训任务书如表4－1所示，活动过程评价如表4－2所示。

表4－1　　实训任务书

<table>
<tr><td rowspan="2">编号一</td><td>皮肤类型</td><td rowspan="2">编号二</td><td>皮肤类型</td></tr>
<tr><td></td><td></td></tr>
<tr><td colspan="2">特点：</td><td colspan="2">特点：</td></tr>
<tr><td rowspan="2">编号三</td><td>皮肤类型</td><td rowspan="2">编号四</td><td>皮肤类型</td></tr>
<tr><td></td><td></td></tr>
<tr><td colspan="2">特点：</td><td colspan="2">特点：</td></tr>
</table>

表 4 – 2　　活动过程评价

班级		评分人		日期	
序号	评价要点		分值（分）	得分（分）	存在问题
1	肤质辨别是否正确（正确一项得 10 分）		40		
2	肤质对应的特点是否正确（每一个特点正确得 5 分，最高不超过 60 分）		60		
合计			100		
评价等级（合计分数 85 分以上为 A，70 ~ 85 分为 B，60 ~ 69 分为 C，60 分以下为 D） 评价人需提出改进意见					

任务拓展与作业

请查找不同肤质护理方法的相关资料，并完成表 4 – 3。

表 4 – 3　　不同肤质的护理方法

肤质	护理方法
中性皮肤	
干性皮肤	
油性皮肤	
混合性皮肤	

任务二　化妆品的类别

任务情境

经理给小贺的第二个任务就是回去收集了解化妆品分类的相关资料，所有新员工在培训结束后要进行化妆品辨别知识测验。

任务分析

了解化妆品的类别，能够为不同肤质人群选择适合的化妆品。

知识储备

接触化妆品的人越来越多，但是究竟什么是化妆品，它都包括哪些品类，许多消费者是不清楚的。化妆品是指以涂擦、喷洒或者其他类似的方法，散布于人体表面任何部位（皮肤、毛发、指甲、口唇）以达到清洁、消除不良气味、护理、美容和修饰目的的日用化学工业品。

一、按使用目的分类

（1）清洁化妆品。

用以洗净皮肤、毛发的化妆品。这类化妆品如清洁霜、洗面奶、洗发水、剃须膏等。

（2）基础化妆品。

化妆前，对面部、头发做基础处理时使用的化妆品。这类化妆品如各种面霜、精华、化妆水、面膜等护肤品及发油等护发产品。

（3）美容化妆品。

用于面部及头发美化的用品。这类化妆品指胭脂、口红、眼影、发型处理产品等。

（4）疗效化妆品。

介于药品与化妆品之间的日化用品。这类化妆品如清凉剂、除臭剂、育毛剂、除毛剂、染毛剂等。

二、按使用部位分类

（1）肤用化妆品。

它指面部及皮肤用化妆品。这类化妆品如各种面霜。

（2）发用化妆品。

它指头发专用化妆品。这类化妆品如香波、摩丝、喷雾发胶等。

（3）美容化妆品。

它主要指面部美容产品，也包括指甲、头发的美容品。

（4）特殊功能化妆品。

它指添加有特殊作用药物的化妆品。

三、按剂型分类

（1）液体化妆品：浴液、洗发液、化妆水、香水等。

（2）乳液：蜜类、奶类。

（3）膏霜类：面霜、粉底霜、洗发膏。

（4）粉类：香粉、爽身粉。

（5）块状：粉饼、眼影盘。

（6）棒状：口红。

任务描述

（1）学生在教师的指导下分为4或5人一组。

（2）学生自由选择教师提供的化妆品，简单讲述该化妆品的类别，并完成相应的实训任务书。

实训准备

（1）每组配备不同品牌、不同类别的化妆品。

（2）学生自由选择任意5种化妆品，根据自己的选择分析其属于什么类别的化妆品。

任务评价

实训任务书如表4－4所示，活动过程评价如表4－5所示。

表4－4 实训任务书

<table>
<tr><td rowspan="2">第一组</td><td>化妆品类型</td><td rowspan="2">第二组</td><td>化妆品类型</td></tr>
<tr><td></td><td></td></tr>
<tr><td colspan="2">优点：</td><td colspan="2">优点：</td></tr>
<tr><td rowspan="2">第三组</td><td>化妆品类型</td><td rowspan="2">第四组</td><td>化妆品类型</td></tr>
<tr><td></td><td></td></tr>
<tr><td colspan="2">优点：</td><td colspan="2">优点：</td></tr>
</table>

表 4－5　活动过程评价

<table>
<tr><td>班级</td><td></td><td>评分人</td><td colspan="2"></td><td>日期</td><td></td></tr>
<tr><td>序号</td><td colspan="3">评价要点</td><td>分值（分）</td><td>得分（分）</td><td>存在问题</td></tr>
<tr><td>1</td><td colspan="3">化妆品辨别是否正确（正确一项得 10 分）</td><td>40</td><td></td><td></td></tr>
<tr><td>2</td><td colspan="3">化妆品对应的优点是否正确（每一个优点正确得 5 分，最高不超过 60 分）</td><td>60</td><td></td><td></td></tr>
<tr><td colspan="4">合计</td><td>100</td><td></td><td></td></tr>
<tr><td colspan="5">评价等级（合计分数 85 分以上为 A，70～85 分为 B，60～69 分为 C，60 分以下为 D）
评价人需提出改进意见</td><td colspan="2"></td></tr>
</table>

任务拓展与作业

请查找不同肤质的人群适合的化妆品的相关资料，并完成表 4－6。

表 4－6　不同肤质适合的化妆品

肤质	适合的化妆品
中性皮肤	
干性皮肤	
油性皮肤	
混合性皮肤	

任务三　护肤的方式及技巧

任务情境

经理给小贺的第三个任务就是回去收集了解护肤的方式及技巧的相关资料，所有新员工在培训结束后要进行护肤技巧知识测验。

任务分析

了解护肤的方式及技巧，能够为不同肤质人群选择适合的化妆品。

知识储备

有很多人会问：“正确的护肤顺序是什么?”无论是护肤还是化妆，步骤都是很重要的，如果护肤步骤弄反了，那么很有可能就会造成护肤品不吸收的后果。

一、护肤的顺序

基本护肤顺序：卸妆—洁面—化妆水—面部精华（可选）—眼霜（可选）—乳液—面霜—防晒霜（白天使用）。

1. 卸妆

（1）卸妆步骤。

第一步，取适量的卸妆用品，用化妆棉或指尖均匀地涂于脸部、颈部，以打圈的方式轻柔按摩。注意以螺旋状由外而内轻抚鼻子，卸除脖子上的粉底时要由下而上清洁。

第二步，用面巾纸或化妆棉拭净，直到面巾纸或化妆棉上没有粉底颜色为止。

（2）卸妆用品。

卸妆油——以油溶油。

适用人群：每天都有完整上妆习惯和经常化浓妆的女生。油性肤质少用。以油溶油的原理使成分为乳化剂油脂的卸妆油可以轻易与脸上的彩妆油污融合，再通过以水乳化的方式，彻底溶解彩妆，甚至厚重的浓妆，如遮瑕力强、油脂含量高的粉条、粉底霜、油性的眼影、腮红等。不过需要注意的是，使用卸妆油之后，最好再用洗脸产品清洗一次，以保证彻底清洁。

卸妆霜、乳——去污润肤。

适用人群：干性、中性肤质人群。卸妆霜的质地相对较厚，一般可以用来清除较为全面的妆容。而卸妆乳则有润“妆”细无声的感觉，它的质地更加轻薄，一般用来清除比较简单的妆容。不过需要注意的是，虽然使用这类卸妆产品是用手指画圆圈的方式溶解彩妆，但千万不能把它们当成按摩霜，那样只会让已出来的彩妆污垢，又被皮肤“吃”回去，产生反效果。

卸妆水——含水量多。

适用人群：敏感性皮肤、油性皮肤、混合性皮肤的人。所谓卸妆水，并不是说它所含成分就全部为水分子，事实上卸妆水还是通过产品中的非水溶性成分与皮肤上的污垢结合，达到快速卸妆的目的。相比其他产品，卸妆水中的大多数水分还可以保证肌肤的含水量，令肌肤清爽水嫩。

2. 洁面

（1）洁面步骤。

取适量洁面产品，在洁净的手上打起泡沫，以画圆的方式由下往上按摩脸部，一般不到一分钟洗净即可。干性皮肤和敏感性皮肤人群适合使用温和的洗面奶，可以选择氨基酸类的产品。油性皮肤人群一周可以使用 1 或 2 次皂基洗面奶，但是绝对不能长期使用。平时要尽可能用温和的洗面奶。

（2）洁面用品。

洁面泡沫：常见的洁面产品之一，状态为乳状或啫喱状，加水后可以揉出丰富的泡沫。这类产品清洁力强，洗后感觉清爽，所以极受人欢迎。适合各种皮肤类型和各种季节使用。

洁面乳：也是很常见的洁面产品，乳液或者乳霜状，没有泡沫。洁面乳的优点就是非常温和，洗完后感觉比较滋润，四季和各种皮肤类型都可以使用，但更建议敏感性、干性皮肤或者冬季洁面时使用。

洁面水：用化妆棉吸取后擦拭面部，可以温合去除面部污垢，擦拭后甚至可以不再用水清洗面部，还可以免用爽肤水，敏感性肌肤尤其适用。

洁面粉：加水调入粉末后可以揉出丰富泡沫。这种形式一般用于需要特别保持活性的产品中，如美白洁面产品。因为干态物质比较容易稳定保存。

洁面巾：用柔软的无纺布制成，加水后可以搓出丰富泡沫，洁面、卸淡妆一次完成。无纺布的质地还可以用来轻柔去除角质，由于使用方便，特别适合出差时使用，但角质层特别脆弱的人最好不要天天使用。

洁面皂：早已摆脱以前的“碱性大”“伤皮肤”的帽子，现在的洁面皂拥有极佳的清洁力，而且洗完后不会紧绷干涩，尤其适合混合性和油性皮肤使用。

3. 化妆水

化妆水提供皮肤水分，软化角质，收缩毛孔，平衡皮肤酸碱度。爽肤水、柔肤水、收敛水统称化妆水，是一种透明液态的化妆品，起到二次清洁和疏通毛孔的作用。爽肤水、收敛水和柔肤水区别不是太大，爽肤水、收敛水更适合天气较热、脸上比较爱出油时使用，柔肤水更适合干燥的季节使用。

使用方法：用化妆棉蘸爽肤水擦脸，能起到二次清洁的作用，如果想保湿就用手直接轻拍在脸上，手法一定要轻，不然会损害皮肤。油性皮肤适合清爽型化妆水；干性皮肤、中性皮肤、混合性皮肤适合保湿型化妆水；敏感性皮肤适合舒缓镇静型化妆水，能够舒缓镇静肌肤。但有些产品要求先乳后水，具体以产品的正确使用方式为准。

4. 面部精华

面部精华功效强大，产品含有微量元素、胶原蛋白、血清，它的作用有防衰老、抗皱、保湿、美白，等等。面部精华分水剂、油剂两种，提取高营养物质并将其浓缩。面部精华分为基础型和功能型。基础型精华主要起到补水、控油和调节水油平衡的作用。功能型精华的作用有美白、抗衰老、抗氧化等。

面部精华分类如下。

（1）精华液：适用于油性皮肤，宜放在小瓶中，随时取用。

（2）精华露：适用于中性皮肤，比精华液稍浓，水、油成分比例适中。

（3）精华素面膜：将精华素溶于面膜中，以敷面的方式促进肌肤对养分的吸收。适合家庭使用，操作简便。

5. 眼霜

眼霜的最佳使用时间是在黑眼圈、皱纹产生之前，这样能够呵护好眼周皮肤，防患于未然。建议25岁后使用功效性眼霜，25岁前用保湿性眼霜。注意使用时手势要轻柔，一般轻点十几下至吸收就可以了，然后把剩余的眼霜按眼部纹路抹到上眼皮。

6. 乳液

乳液具有三个方面的作用，去污、补充水分、补充营养。去污是指乳液可以代替洁面剂清除面部污垢。由于乳液中含有10%~80%的水，其可以直接给皮肤补充水分，使皮肤保持湿润。由于乳液中含有少量油分，当脸上皮肤发紧时，乳液中的油分可以滋润皮肤，使皮肤柔软。

乳液的使用方法：先将适量的乳液倒入掌心，由脸部易干燥的脸颊或眼睛四周开始涂抹，沿肌肉走向轻轻抹开。干性皮肤人群可以多涂一些，T区要少抹一些，涂得太多或油性皮肤者，可用面巾纸轻轻按压，吸去多余的油脂。

7. 面霜

面霜和乳液类似，只不过形态不同，面霜中水的含量要远小于乳液中水的含量，面霜一般呈膏状，比乳液的滋润度高，更适合中性、干性皮肤人群及干燥的秋冬季节使用。

8. 防晒霜

使用防晒霜，不要多揉、多按摩，那样很容易搓泥，破坏防晒膜。

（1）紫外线对皮肤的主要伤害如下。

增加黑色素合成，可导致色素沉着，产生黑斑、雀斑、黄褐斑等。

破坏真皮胶原纤维和弹性纤维，可导致皮肤肥厚，松弛，粗糙，形成皱纹。

毛细血管扩张，产生红斑。

使皮肤免疫功能下降，可形成皮肤癌或癌前病变。

（2）UVA和UVB。

UVA（长波黑斑效应紫外线）可以渗透表皮层，直达真皮层，破坏皮肤组织，令皮肤变黑，失去弹性，出现皱纹及色斑。

UVB（户外短紫外线）主要集中于表皮层，破坏自我防御系统，令皮肤晒伤。

（3）SPF和PA。

SPF数值被称为防晒系数或防晒指数，用于评估防晒产品抵御UVB的效果。SPF

值的高低从客观上反映了防晒产品对 UVB 防护能力的大小。

PA（防晒指标）用于评估防晒产品抵御 UVA 的效果。PA 后面紧跟 +，+越多，代表产品抵御 UVA 的能力越强。

任务描述

（1）学生在教师的指导下分为 4 或 5 人一组。

（2）学生自由选择教师提供的护肤品，小组成员相互进行日常护肤，每组派两个代表上台演示并说明使用的原因。

实训准备

（1）教师提前准备不同品牌、不同类型的护肤品。

（2）每组学生自由选择自己需要的护肤品，根据自己选择的护肤品完成对组员的护肤任务。

任务评价

实训任务书如表 4－7 所示，活动过程评价如表 4－8 所示。

表 4－7　实训任务书

第一组	选择的护肤品	第二组	选择的护肤品
手法： 选择原因：		手法： 选择原因：	
第三组	选择的护肤品	第四组	选择的护肤品
手法： 选择原因：		手法： 选择原因：	

表 4－8　　活动过程评价

<table>
<tr><td>班级</td><td></td><td>评分人</td><td></td><td>日期</td><td></td></tr>
<tr><td>序号</td><td colspan="3">评价要点</td><td>分值（分）</td><td>得分（分）</td><td>存在问题</td></tr>
<tr><td>1</td><td colspan="3">护肤步骤辨别是否正确</td><td>40</td><td></td><td></td></tr>
<tr><td>2</td><td colspan="3">护肤品对应的手法是否正确（每一项正确得 5 分，最高不超过 60 分）</td><td>60</td><td></td><td></td></tr>
<tr><td colspan="4">合计</td><td>100</td><td></td><td></td></tr>
<tr><td colspan="5">评价等级（合计分数 85 分以上为 A，70～85 分为 B，60～69 分为 C，60 分以下为 D）
评价人需提出改进意见</td><td colspan="2"></td></tr>
</table>

任务拓展与作业

课后收集紫外线对皮肤的影响，并填写表 4－9。

表 4－9　　紫外线对皮肤的影响

	紫外线对皮肤的影响	可见的影响
UVA		
UVB		

项目二　化妆技巧

任务一　认识化妆工具及化妆品

任务情境

现在很多年轻的女孩子都会打扮自己，会去购买化妆工具及化妆品。小贺作为刚刚转正的导购员，对于如何为客户选择适合的化妆工具及化妆品很是迷茫，所以趁着午休的时间，他找到了值班的苏主管请教。

任务分析

学会辨别不同化妆工具，掌握其使用方法及顺序。

知识储备

一、底妆工具

1. 海绵

海绵（见图4－1）主要用来上粉底。一般有圆形、三角形和圆柱（圆锥）形。圆形海绵的特点是质地稍硬，面积大，适合在额头和两颊的位置大面积打底。使用不同形状的海绵打底可以使得底妆更加细致。

图4－1　海绵

2. 粉扑

粉扑（见图4－2）主要用来上粉状（蜜粉，即定妆粉）化妆品。常用的有圆形粉扑，圆形粉扑也有很多大小区分。大粉扑适合大面积使用，小粉扑适用于局部补妆。

图4－2　粉扑

3. 腮红刷

腮红刷（见图4－3）比蜜粉刷稍小，有斜角和扁平两种，刷毛顶部呈半圆形；斜角适合用于T区（额头和鼻子）和颧骨部位的修饰，也叫面部轮廓刷；大刷子可以用于大面积的上色和刷去多余的蜜粉。

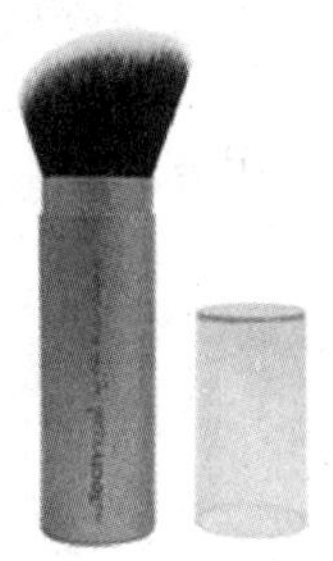

图4－3　腮红刷

二、眼妆工具

1. 镊子

镊子（见图4－4）通过拔去眉毛的多余杂毛来修整眉形，通过拔的形式，杂毛长出来比较缓慢，眉形保持的时间也比较长。

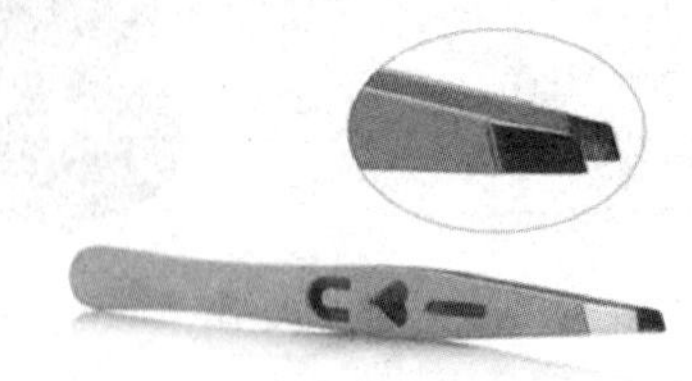

图4－4　镊子

2. 修眉刀

对于眉毛生长迅速和需要大面积去毛的人来说，修眉刀（见图 4－5）能在不破坏原有眉形的基础上，去除多余的杂乱眉毛，安全又快速。

图 4－5　修眉刀

3. 修眉剪

修眉剪（见图 4－6）主要用来修短过长的眉毛。其在剪去多余眉毛的同时，能更加自如地修整眉毛的形状。

图 4－6　修眉剪

4. 睫毛夹

睫毛夹（见图 4－7）用来使得睫毛变得卷翘。如果睫毛不易定型，可以使用电睫毛夹。

图 4－7　睫毛夹

5. 眉刷

大部分眉刷（见图4－8）是由尼龙或人造纤维制成的斜刷头硬刷。修眉及画眉前可用眉刷将眉毛扫整齐，画眉后以眉刷顺眉毛方向轻扫，可使眉色自然，眉形整齐。

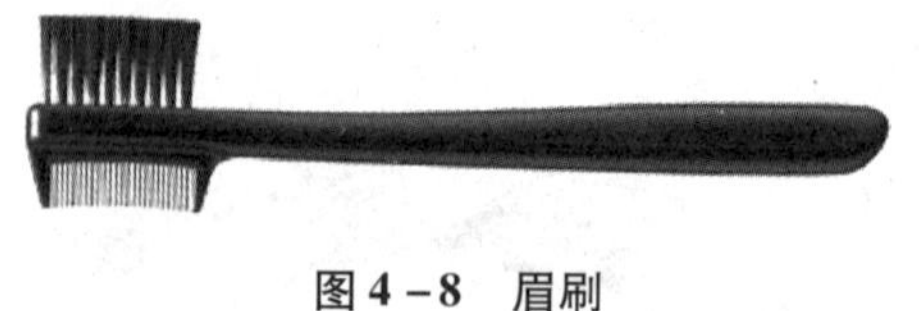

图4－8　眉刷

6. 眉笔

眉笔（见图4－9）是大家很熟悉的彩妆工具，用来改善眉形。

图4－9　眉笔

7. 眉粉刷

眉粉刷（见图4－10）的刷头呈倾斜状，扁平，除了可以取眉粉画出合适清晰的眉形外，也可以用来画眼线。

图4－10　眉粉刷

8. 假睫毛

日常生活中戴假睫毛（见图4－11）的人不多，不过若是在参加派对或者拍写真照时试一试假睫毛，常常可以收到出乎寻常的效果。各种彩色的假睫毛效果更是炫目。

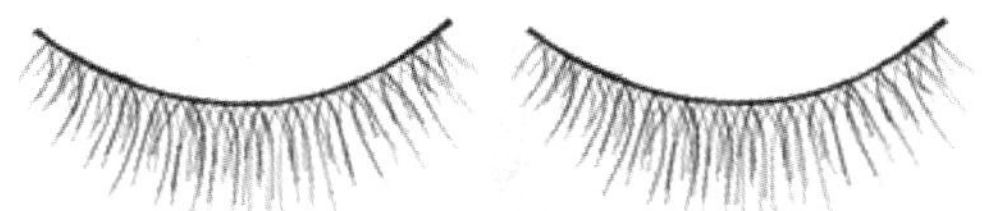

图 4 – 11　假睫毛

9. 眼影刷

眼影刷（见图 4 – 12）是一种扁身圆头刷，有大中小之分，大的一般用来涂底色，能一次均匀涂上颜色，覆盖整个眼窝位置；中等的用来小块上色；最小的可以仔细描画，用来画眼线更准确。眼影刷比较适合粉质眼影。

图 4 – 12　眼影刷

10. 眼影棒

眼影棒（见图 4 – 13）类似于棉棒，用来局部上色和多色眼影晕染，可以使得眼妆自然。其也可以用于啫喱状和霜状眼影，椭圆头适合大面积上色推匀，尖头眼影棒适合小面积描画。

图 4 – 13　眼影棒

11. 眼线笔

眼线笔（见图 4 – 14）主要用来画眼线，可以使得眼睛的轮廓更加分明。

图 4－14　眼线笔

12. 眼线刷

眼线刷（见图 4－15）外形与唇刷有点相似，但刷头更为纤巧，毛质较软，适用于眼线膏。

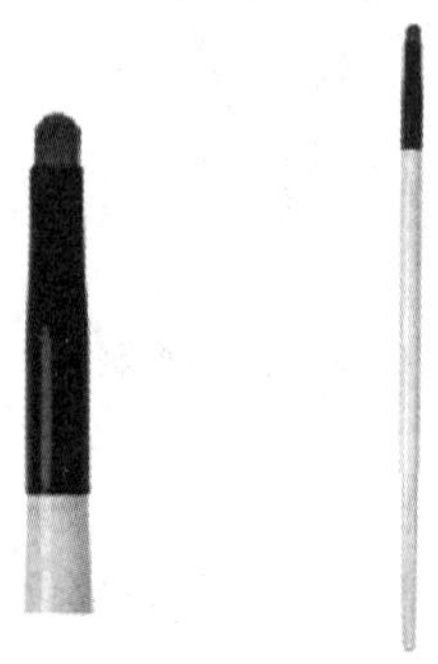

图 4－15　眼线刷

13. 睫毛刷

有些睫毛刷外形就像一把小梳子，有的则类似于睫毛膏的刷头，呈螺旋状（见图 4－16）。涂上睫毛膏后用它刷开粘在一起的睫毛膏，可让睫毛看起来更整齐。市面上出售的多为睫毛、眉毛两用型，使用十分方便。

图 4－16　睫毛刷

三、唇妆工具

唇刷：毛质较硬，容易控制落刷点。不论是使用唇膏或唇彩，利用唇刷都可以画出细致的线条，修饰唇形。如果有兴趣，还可以用唇刷在唇上来点彩绘。

四、美甲工具

1. 指甲钳

指甲钳主要用以修剪所有类型的指甲，包括水晶指甲和天然指甲。

2. 指甲锉

指甲锉适合修短半长不短的指甲。从两边向中间横着一下下打磨指甲边缘，不要让锉面垂直于指甲尖端，而要微微向指甲下面的指腹一侧倾斜，磨去指甲的毛边。

3. 死皮钳

死皮钳用于剪去指甲周边的死皮。初学者最好选弹簧较软的死皮钳，只修剪明显的死皮。

任务描述

（1）学生在教师的指导下分为4或5人一组，利用手机或平板自学化妆品、化妆工具使用的相关知识。

（2）每个小组派1或2名代表上台介绍及简单演示化妆工具的用法。

实训准备

（1）每组配备手机或平板电脑一台。

（2）每组配备化妆工具包4或5包。

任务评价

活动过程评价如表4－10所示。

表4－10　　活动过程评价

<table>
<tr><td>班级</td><td colspan="2"></td><td colspan="2">小组成员</td><td colspan="3"></td></tr>
<tr><td>组名</td><td colspan="7"></td></tr>
<tr><td>序号</td><td>评价要点</td><td>分值（分）</td><td>得分（分）</td><td>得分（分）</td><td>得分（分）</td><td>得分（分）</td><td>得分（分）</td></tr>
<tr><td>1</td><td>化妆工具选择是否正确</td><td>20</td><td></td><td></td><td></td><td></td><td></td></tr>
<tr><td>2</td><td>演示手法是否正确</td><td>30</td><td></td><td></td><td></td><td></td><td></td></tr>
</table>

续　表

序号	评价要点	分值（分）	得分（分）	得分（分）	得分（分）	得分（分）	得分（分）
3	介绍要点是否到位	30					
4	介绍时小组整体表现是否优秀	20					
合计		100					

任务拓展与作业

课后查找了解化妆步骤是什么，了解底妆相关的化妆品有哪些。

任务二　打造完美底妆

任务情境

经常化妆的人大多曾为底妆苦恼过，小贺对于底妆的画法还不够熟悉，需要学习底妆上妆技巧。

任务分析

学会使用工具上底妆。

知识储备

底妆依据不同功用有不同分类，底妆效果将直接关系到整个妆容的最终效果，正确使用粉底，掌握底妆技巧可以调整肤色、掩盖瑕疵，使皮肤呈现自然而颜色均匀的效果，从而打造出薄透的光感肌肤。

上底妆的正确步骤是什么？第一步，妆前护肤；第二步，上隔离；第三步，上粉底；第四步，遮瑕；第五步，蜜粉定妆。

一、隔离霜

隔离霜用于调节肌肤油分和水分平衡，使粉底更易上妆，调整肤色，保护肌肤，因此极为重要。

不同颜色的隔离霜具有不同的功效。总的来说，隔离霜的颜色大概分为紫色、绿色、白色、蓝色、金色、肤色 6 种，不同的颜色有不同的修容作用，下面主要介绍其中 4 种。

（1）紫色隔离霜。

紫色隔离霜具有中和黄色的作用，所以它适合普通肌肤、稍偏黄的肌肤使用。它的作用是使皮肤呈现健康明亮、白里透红的色彩。

（2）绿色隔离霜。

绿色隔离霜可以中和面部过多的红色，使肌肤呈现亮白的效果。另外，它可有效减轻痘痕的明显程度。

（3）白色隔离霜。

它是专为黝黑、晦暗、不洁净、色素分布不均匀的皮肤而设计的。使用白色的隔离霜之后，皮肤明度增加，肤色会看起来干净而有光泽。

（4）蓝色隔离霜。

它适合泛白、缺乏血色、没有光泽的皮肤。蓝色隔离霜可以较温和地修饰肤色，使皮肤看起来“粉红”得自然、恰当，而且用蓝色隔离霜修饰能使肌肤显得更加纯净、白皙、动人。

二、粉底

粉底一般分为粉底液、粉饼与散粉三种。正确使用粉底可以调整肤色、掩盖瑕疵，使皮肤呈现自然而颜色均匀的效果。粉底由于形态不同遮盖力也有所区别，每个品牌的粉底一般都会分为不同的颜色，以适用于不同的肤色。除此之外，粉底有偏粉红和偏黄的不同效果。亚洲人选用微微偏黄的颜色会比较适合。伴随现代科学技术发展而生产的粉底修饰效果更好，颗粒更细腻，并具有保湿、控油或防晒等多重功效，能轻易创造自然、光滑、晶莹的健康肤质效果。

（1）乳霜状粉底。

质地分析：乳霜状粉底有修饰作用，它属于油性配方，粉底效果有光泽，有张力。

优点：其滋润成分特别适合干性皮肤，更能掩饰细小的干纹和斑点，在脸上形成保护性薄膜。

缺点：长时间使用容易阻塞毛孔，影响皮肤顺畅呼吸。

适合肤质：适用于中性、干性、特干性皮肤。

使用技巧：为避免涂抹厚重，可用手代替海绵，将粉底轻薄地涂抹于面部。

（2）液体粉底。

质地分析：液体粉底的配方较柔和，紧贴皮肤，由于水分含量最多，具有透明自然的效果。如果添加了植物保湿成分或维生素，还具有很好的滋润效果。

优点：自然与肤色融合，使肌肤看起来细腻、清爽，不着痕迹。

缺点：单独使用容易脱妆，对瑕疵的遮盖效果不够好。

适合肤质：适应于油性、中性、干性皮肤。油性皮肤要选择水质的液体粉底，中性皮肤则宜选择轻柔的液体粉底，干性皮肤可以选用有滋润作用的液体粉底。

使用技巧：可以局部配合固体粉底使用，使妆容更持久。

（3）固体粉底。

质地分析：现在的固体粉底是以前的油彩粉底经过改良之后的产品，大大降低了厚重感，优质的固体粉底遮盖效果好且质地细腻，能保湿，比较清爽。

优点：干爽细腻，颜色均匀，美化毛孔，同时方便随时使用。

缺点：肤质粗糙者涂上去后会粘连角质层。

适合肤质：适合各种肤质。

使用技巧：使用时，最好配合潮湿海绵在面部普遍涂抹。然后用海绵轻按，注意要涂均匀。

三、遮瑕产品

一般分为遮瑕笔或遮瑕膏两个品类，可有效修饰、掩盖黑眼圈、色斑或色素沉积，可在施粉底前或粉底后使用。使用遮瑕产品时，应注意颜色要与皮肤或粉底的颜色接近。一般来说，遮住肌肤褶皱凹陷，以及唇角周围、下巴、眼角的色素沉淀，遮瑕膏为最优选择；而鼻翼两旁的遮瑕，使用遮瑕笔效果更佳。

四、双用粉饼

双用粉饼干用具有亚光散粉的作用，湿用可以起到一定的粉底修饰作用，在专业造型师的工作中，粉饼是补妆或吸油的好产品。

五、蜜粉

蜜粉一般用于定妆。可以使彩妆效果长久，减少面部油光。蜜粉按照不同的分类方法，一般可分为透明粉、彩色粉，亚光粉和闪光粉。

透明粉往往只为皮肤带来干爽的效果，不会改变皮肤颜色。彩色粉有紫色、绿色、粉红色、蓝色、黄色等颜色。紫色蜜粉可以令皮肤白皙粉嫩，散发红润光泽；绿色蜜粉能使肌肤显得光滑、白嫩、自然，肤色偏黑、眼周有红血丝者，也可以利用绿色蜜粉来做遮掩；肤色较白、没有血色的人，可以使用粉红色蜜粉；肤色较深，有小黑斑、雀斑或明显的疤痕、痘印，可以使用蓝色蜜粉；黄色蜜粉可以让妆容显得自然。

相对于亚光粉，闪光粉含有闪光微粒，适量使用后可以带来皮肤的光泽感，给皮肤增加亮度。

任务描述

（1）学生在教师的指导下分为 4 或 5 人一组，利用手机或平板自学底妆画法相关知识。

（2）每个小组一对一上底妆，并派1或2名代表上台介绍及简单演示。

实训准备

（1）每组配备手机或平板电脑一台。

（2）每组配备化妆工具包4或5包。

（3）每组准备底妆化妆品（隔离霜、粉底、遮瑕产品、双用粉饼等）、海绵、纸巾若干。

任务评价

活动过程评价如表4－11所示。

表4－11　活动过程评价

班级		小组成员					
组名							
序号	评价要点	分值（分）	得分（分）	得分（分）	得分（分）	得分（分）	得分（分）
1	化妆工具选择是否正确	20					
2	底妆的上妆是否正确	30					
3	介绍要点是否到位	30					
4	介绍时小组整体表现是否优秀	20					
合计		100					

任务拓展与作业

课后去查找了解底妆产品涂抹方法，完成表4－12。

表4－12　底妆产品涂抹方法

底妆产品	涂抹方法
隔离霜	
粉底	
遮瑕产品	
双用粉饼	
蜜粉	

任务三　眼部化妆技巧

任务情境

眼妆在整个妆容中也占据着重要的地位，一款适合自己眼型的眼妆能让整体形象提升不少。小贺对于眼妆的画法及技巧还不是很熟悉，为了画好眼妆，小贺在下班以后跟同事小苏一起讨论起这个话题。

任务分析

学会使用眼妆工具进行眼部化妆，学会眼线、眼影的化妆技巧及手法。

知识储备

古人有云，“眉目传情”“顾盼生辉”，可见一双好看的眼睛能让人印象深刻，念念不忘。眼妆在整个妆容中占据着重要的地位，一款魅力十足、适合自己眼型的眼妆能让整体形象提升不少。

眼部妆容的上妆顺序如下。

第一步：画眼影。

在画眼影之前，可以先给眼皮做个打底，提高眼部的滋润度，避免卡粉的尴尬，提高眼影的显色度和耐久性。然后选择较浅的颜色用于大面积的底色，从左到右来回着色。再选择一种喜欢的颜色在眼皮中间涂，在那里可以少量多次轻轻地涂上颜色，不可下手太重。最后，用剩余的粉末在下眼睑的位置轻轻地扫。当然，在化妆时，若要避免眼妆脏，需要准备一个优质的眼影盘。否则，眼影飞粉、有色差、耐久性差，会成为眼妆败笔。

一般来说，细粉、显色度高的眼影颜色更适合新手，新手上眼影时记得抖粉。

第二步：画眼线。

初学者可以选择画半眼线，只画眼尾不容易犯错误。要注意动作连贯，否则眼线不会平滑，看起来也不会那么自然。当画眼线时，可以用手抬起眼皮，这样可以更好地贴合睫毛的根部，使眼线更隐形。

使用斜面刷，画一条与上睫毛齐平的线条。充分摇动液体眼线笔并将其涂抹在已经制作的线上。当画到眼角时，将手指放在太阳穴附近，向后拉伸脸部皮肤，绘制一条细线。从眼角处加入线并填入。

第三步：涂睫毛膏。

睫毛膏主要让睫毛看起来长而密，放大眼睛。然而，如果画得不好，可能会出现“苍蝇腿”。在涂睫毛膏前，可以先夹睫毛，使睫毛略微向上卷曲，让睫毛膏容易使用；然后记得从睫毛根部开始，最好是呈“Z”字从下到上慢慢刷，不要中断。画好的眼妆如图 4－17 所示。

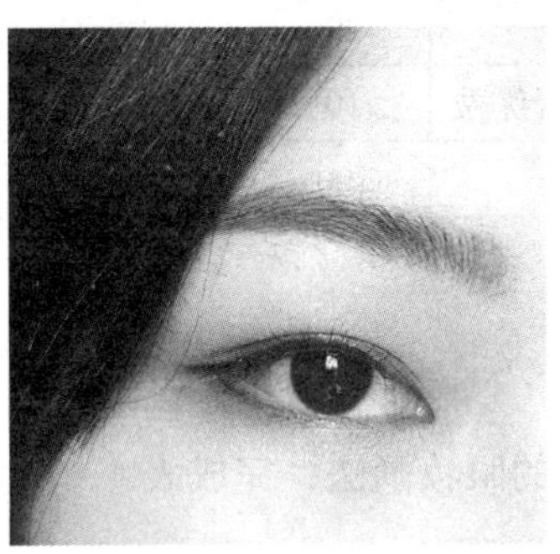

图 4－17　画好的眼妆

任务描述

（1）学生在教师的指导下分为 4 或 5 人一组，利用手机或平板电脑参照教师下发的眼妆教学视频进行小组眼妆画法练习。

（2）每个小组一对一进行眼影、眼线及睫毛膏的上妆，并派 1 或 2 名代表上台介绍及简单演示。

实训准备

（1）每组配备手机或平板电脑一台。

（2）每组配备化妆工具包 4 或 5 包，准备底妆化妆品、海绵球、纸巾若干。

（3）准备大地色系、森林色系、桃花色系、南瓜色系眼影各 2 盘。

任务评价

活动过程评价如表 4－13 所示。

表 4－13　活动过程评价

班级		小组成员					
组名							
序号	评价要点	分值（分）	得分（分）	得分（分）	得分（分）	得分（分）	得分（分）
1	化妆工具选择是否正确	20					

续 表

序号	评价要点	分值（分）	得分（分）	得分（分）	得分（分）	得分（分）	得分（分）
2	眼影、眼线、眼睫毛的上妆是否正确	50					
3	介绍要点是否到位	20					
4	介绍时小组整体表现是否优秀	10					
合计		100					

任务拓展与作业

课后去查找了解不同眼型的眼妆画法，完成表4－14。

表4－14　不同眼型的眼妆画法

眼型	眼妆画法
双眼皮	
单眼皮	
内双眼皮	
眼距过宽	
眼距过窄	

任务四　学会眉毛的画法

任务情境

怎么画眉？不同脸型适合什么眉形？用眉笔好还是眉粉好？眉毛要怎么画才能够看起来很精致？画眉毛的时候总是手抖怎么办？这些问题一直困扰着刚刚成为化妆品导购员的小贺，所以他利用午休的时间向同事小静进行了请教。

任务分析

学会使用修眉刀进行修眉，分别掌握用眉笔、眉粉画眉毛的方法技巧。

知识储备

大部分女生会选择画眉出门，有的女生即使素颜出门都要画眉，画眉和不画眉会改变一个人的气质，会改变一个人眉眼之间所传递出来的信息。画对了适合的眉形，能够修饰脸型，能够使五官精致立体。有的女生画眉之前是大脸，画眉之后是小 V 脸。有的女生画眉之前眼睛无神，画眉之后显得灵气十足……

一、眉笔以及眉粉的区别

1. 眉笔

优点：眉笔好用也好控制，方便快捷，适宜于勾勒眉形、描画不完整的眉毛、勾勒眉尾。价格便宜，眉笔使用时间长。

缺点：新手使用时不好掌握力度。线条会有些刻板不柔和，看上去过于严厉。眉笔含有蜡，容易脱妆。

2. 眉粉

优点：眉粉有非常自然的效果，上色持久且用途多样，可以明显填补眉毛间的空隙，帮助修饰眉形，适合新手。

缺点：价格相对较高，容易画得很浓重，为了避免这种情况，可以先在眉毛上涂一层遮瑕，这样相对画起来更易上手。

二、眉毛的画法

第一步：确定眉头、眉峰、眉尾的位置（见图 4 – 18）。

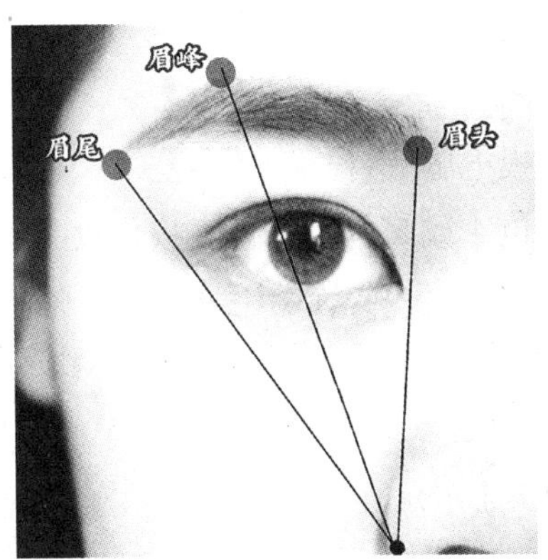

图 4 – 18　眉头、眉峰、眉尾的位置

第二步：用眉笔画出适合的眉形框，用眉刀将框外的杂毛剔除干净。

第三步：选与发色相近的眉粉，少量多次填充眉框，注意眉头要稍淡些，眉峰、眉尾略深。

第四步：借助螺旋眉刷梳理眉毛，让眉毛颜色由浅至深，过渡自然。

第五步：用与眉粉颜色一致的眉笔加强眉峰至眉尾的下沿。

第六步：在眉头画出根根分明的眉毛，让眉形更精致立体。

画好的眉毛如图 4－19 所示。

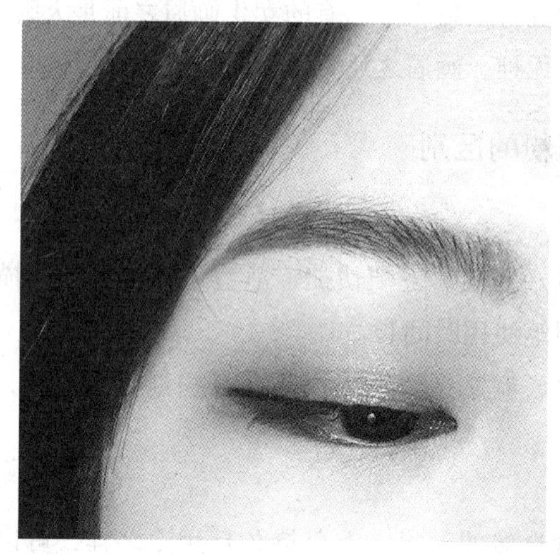

图 4－19　画好的眉毛

任务描述

（1）学生在教师的指导下分为 4 或 5 人一组，利用手机或平板电脑参照教师下发的画眉视频进行小组画眉练习。

（2）每个小组一对一画眉毛，并派 1 或 2 名代表上台介绍及简单演示。

实训准备

（1）每组配备手机或平板电脑一台。

（2）每组配备化妆工具包 4 或 5 包，准备底妆化妆品、海绵球、纸巾若干。

（3）每组准备眉粉一盒，眉笔一支，睫毛膏二支，修眉刀一个。

任务评价

活动过程评价如表 4－15 所示。

表 4－15　　活动过程评价

班级		小组成员					
组名							
序号	评价要点	分值（分）	得分（分）	得分（分）	得分（分）	得分（分）	得分（分）
1	化妆工具选择是否正确	20					
2	眉毛的上妆是否正确，是否适合脸型	50					
3	介绍要点是否到位	20					
4	介绍时小组整体表现是否优秀	10					
合计		100					

任务拓展与作业

课后去查找了解不同脸型适合的眉形，完成表 4－16。

表 4－16　　不同脸型适合的眉形

脸型	脸型特点	适合的眉形
方脸		
菱形脸		
三角脸		
鹅蛋脸		
心形脸		

任务五　学会腮红的打法以及唇部妆容画法

任务情境

一个完美精致的妆容里，稍微加一点腮红能让人拥有好气色，搭配妆容使用不同颜色的腮红会有不同的效果，一款好的腮红不仅要颜色好看，还要粉质细腻不易脱妆。

那腮红怎么打显脸小？腮红修容的方法是什么？腮红怎么用？此外，如何画好唇妆？小贺和小静针对这个问题跟店长进行了讨论。

任务分析

（1）学会腮红的画法。

（2）学会唇妆的画法。

知识储备

一、腮红基本知识

1. 腮红

腮红又称胭脂，使用后会使面颊呈现健康红润的颜色。如果说，眼妆是脸部彩妆的焦点，口红是化妆包里不可或缺的要件，那么，腮红就是修饰脸型、美化肤色的极佳工具。

2. 腮红的画法

第一，涂腮红之前，需稍费心思，在面部轮廓处涂上亚光深色粉收敛过宽的脸颊，使脸看上去知性成熟。

第二，为了弥补单纯涂阴影带来的老态，可选择自然橘色或珊瑚色的腮红，使妆容展现年轻活力的一面。腮红的位置自耳前向鼻翼，刷过颧骨最高处。

第三，睫毛延长线至下眼睑眼尾处，一定要涂高光粉，如此简单的步骤让妆容呈现前所未有的透明感和立体感。同时，应学会避免脱妆。

第四，霜状的腮红更为持久。用手蘸腮红涂抹在颧骨最高处（微笑时，以颧骨凸起的地方为中心），然后用手一边拍打一边抹开，让腮红充分与肌肤融合。

第五，在同一部位用大号粉刷蘸粉状腮红重叠轻扫，就可打造出不易脱落的完美双颊。

3. 腮红质地的选择

（1）腮红粉（见图 4－20）。

图 4－20　腮红粉

适宜人群：油性和混合性皮肤人群。

特点：健康自然，质地轻薄，涂抹的时候很好控制范围，强烈推荐新手使用。但持久力差，粉饼易碎，要小心爱护。

（2）腮红膏（见图4－21）。

图4－21　腮红膏

适宜人群：干性和混合性皮肤人群。

特点：滋润服帖，颜色相对浓重一些，对于易长痘体质的人群，可能稍微厚了一点。但它的妆效持久性极好，比较适合易脱妆的夏天。

（3）腮红霜（见图4－22）。

图4－22　腮红霜

适宜人群：油性及混合性皮肤人群。

特点：妆面光滑，能营造出果冻般的娇嫩感觉。使用需要些经验与技巧，不好控制量，新手不建议使用。

（4）腮红液。

适宜人群：所有肤质人群。

特点：持久通透，腮红液推进性不错，边缘易推开，颜色均匀光泽优秀，有反光度，适用水光效果底妆，用起来比较方便。

二、完美唇妆的 8 个步骤

第一步：先用小块海绵在嘴唇上涂一点粉底，可以令口红更易推匀，同时能保持色泽持久。注意嘴角也应由外往里再涂一次，以免有空隙。

第二步：想让唇部看起来立体感更强，可以在涂唇膏前勾画嘴唇轮廓，注意将唇线一直描画至嘴角。要避免唇线太过明显，可用唇刷将唇线向内刷开。

第三步：唇膏直接上色很容易加深唇纹，所以最好用唇刷上唇膏。而且使用唇刷会使唇膏上色更为均匀，尤其唇刷的细小刷毛可以解决干裂、有细缝等问题。

第四步：浅色的唇膏比深色唇膏难上色，可直接使用唇膏涂抹。

第五步：无论唇线还是唇膏，都不应涂得太突出或太尖锐，曲线应呈平滑的圆弧形。

第六步：如果上下唇厚薄不一，应做适当调整。如下唇太薄，要配合上唇修饰得更为丰满；同样，上唇太薄时，也要配合下唇而修整。

第七步：唇膏涂满后，可用面纸在上下唇之间轻压，以吸去多余的油分。

第八步：嘴唇完全描画完后，要用各种不同表情再确定一次是否完美。

三、口红涂抹常见错误

1. 摩擦上下嘴唇

涂好口红，应避免摩擦上下嘴唇。过度摩擦会使口红表层干裂起皱，给嘴唇带来严重伤害。

2. 忘记勾画嘴唇轮廓

丰厚盈满的嘴唇确实可爱，但是不要忘了涂抹口红时重要的一个步骤。涂口红时为了保持干净的外沿，唇线很重要。想拥有干净的唇妆，不要忘了好好画一下嘴唇的轮廓。

3. 直涂口红

直接往嘴唇上涂口红会很容易造成口红量多而导致的糊妆，这也是口红容易脱落的原因。用唇刷顺着纵向唇纹轻轻涂抹的话，口红会持妆较长时间。用手指将口红少量地轻轻涂抹，也是值得推荐的口红画法。

任务描述

（1）学生在教师的指导下分为 4 或 5 人一组，利用手机或平板电脑参照教师下发的腮红和唇妆视频进行小组腮红和唇妆练习。

（2）每个小组一对一画腮红和唇妆，并派1或2名代表上台介绍及简单演示。

实训准备

（1）每组配备手机或平板电脑一台。

（2）每组配备化妆工具包4或5包，准备底妆化妆品、海绵球、纸巾若干。

（3）每组准备不同质地的腮红各1个。

任务评价

活动过程评价如表4－17所示。

表4－17　　活动过程评价

班级		小组成员					
组名							
序号	评价要点	分值（分）	得分（分）	得分（分）	得分（分）	得分（分）	得分（分）
1	化妆工具选择是否正确	20					
2	腮红上妆是否正确，是否符合脸型	25					
3	唇妆上妆是否正确	25					
4	介绍要点是否到位	20					
5	介绍时小组整体表现是否优秀	10					
合计		100					

任务拓展与作业

课后去查找了解不同脸型适合的腮红画法，完成表4－18。

表4－18　　不同脸型适合的腮红画法

脸型	脸型特点	腮红画法
方脸		
菱形脸		

续 表

脸型	脸型特点	腮红画法
长脸		
鹅蛋脸		
倒三角脸		

任务六　职场妆容

任务情境

职场妆容不需要太复杂，怎么化妆才好看？跟着小贺一起学习上班妆。

任务分析

（1）为同学画一次完整的妆容。

（2）自己独立完成职场妆容。

知识储备

一、职业新人妆

作为职场新人，在什么都不懂的情况下，要有一副好的妆容。不一定要长得非常好看，但至少要拥有好的精神面貌。

妆容特点：清透的底妆、光滑的肌肤、干净的眼妆、滋润的唇妆。

必备单品：保湿粉底霜、滋润唇膏、精华液、睫毛膏。

彩妆建议：无须过多修饰，细节处增加一些“小心机”。

二、优雅职业妆

如今很多职业女性会选择优雅职业妆，这样不仅显得更加职业化，而且更具魅力。

妆容特点：完美干净的底妆、有神的眼妆、素雅的唇妆。

必备单品：粉底霜、眼影、唇膏。

彩妆建议：优雅职业妆的妆容应该是简洁、清丽、素雅的。

三、时尚彩妆

在职场中，也会出现需要画时尚彩妆的场合，如宴会、团建等。这时，可以通过改变个人的妆容风格来增加存在感，展现美丽人生。

妆容特点：立体感与质感兼具的底妆、魅力眼妆、饱满唇妆。

必备单品：眼影、立体腮红、口红。

彩妆建议：忌妆感较浓，可尝试具有新鲜感的清透裸妆。

任务描述

（1）学生在教师的指导下分为4或5人一组，利用手机或平板电脑参照教师下发的三种职业妆容视频进行学习，选择其中一种操作。

（2）每个小组选择两个人进行一对一上妆，并上台介绍及简单演示。

（3）每个小组其他成员为自己进行职业妆容上妆。

实训准备

（1）每组配备手机或平板电脑一台。

（2）每组配备化妆工具包4或5包，准备底妆化妆品、海绵球、纸巾若干。

（3）每组配备化妆箱，成员自行选择职业妆容所需要的上妆工具及用品。

任务评价

活动过程评价如表4－19所示。

表4－19　　活动过程评价

班级		小组成员					
组名							
序号	评价要点	分值（分）	得分（分）	得分（分）	得分（分）	得分（分）	得分（分）
1	化妆工具选择是否正确	20					
2	化妆品的选择是否正确	25					
3	职业妆容上妆步骤是否正确	25					
4	介绍要点是否到位	20					
5	介绍时小组整体表现是否优秀	10					
合计		100					

任务拓展与作业

利用课余时间熟练化妆的技巧及手法。

项目三　化妆品销售技巧

任务一　辨别客户的肤质并引导客户试妆

任务情境

小贺在门店练习了一天的迎宾，已经能够掌握迎宾的语言和标准动作了。店长觉得小贺学习能力很强，而接下来让小贺学习的是辨别客户的肤质并引导客户试妆。

任务分析

（1）通过观察了解客户肤质。

（2）通过聆听探寻客户需求。

（3）通过提问把握客户需求，并引导客户试妆。

知识储备

化妆品的好坏必须去体验才能确定。化妆品店导购员应该引导客户体验或试用化妆品，让产品自己来“说话”。当客户开始体验产品，导购员就离销售成功不远了。

一、常见应对

（1）“喜欢的话，可以用试用装体验一下效果。”——太平淡，对客户几乎没有吸引力。

（2）“这是我们刚上市的新款产品，试一下吧！”——客户听了还是没有兴趣。

（3）“您好，我免费为您化个妆，体验一下吧！”——没有特别的优势，每家都在免费化妆，即使客户接受，也未必会有成交。

二、引导策略

很多化妆品品牌产品都有小样或试用装，这方便了客户体验产品效果。有经验的客户，如果看中某一款产品，一般都会主动提出试用的要求。这时，导购员应当尽快取出试用装，用自己专业的美容化妆手法来证明产品的价值和客户的眼光。即使是面对兴趣不太强烈的客户，导购员也可通过产品体验来深入挖掘其需求。

要让这类客户接受试用，导购员需要注意以下几点：第一，向客户说明产品功效以及能给客户带来的好处；第二，强调化妆品的好坏一试就知道；第三，呈现对自己专业的自信；第四，让客户放心，购买决定权在客户手上，绝不会强迫购买。

三、化妆品店引导客户体验的“金牌话术”

（1）“小姐，您的肤质不错哦！我看您对这款产品不是很感兴趣，其实，您今天买不买真的没关系，不过我是真的想将您服务好。请问您今天打算了解一下化妆水还是乳液呢？乳液在您右手边，您左手边是……”

点评：客户拒绝试用的原因之一是对该类产品不感兴趣。应分以下几步：首先，赞美客户，在互动中了解客户真正的需求。然后，根据客户的需求决定接下来的导购服务，或者继续说服，或者推介其他类别的产品。

（2）“小姐，您的肤质不错，您是干性皮肤吧？干性皮肤到了秋季更要注意补水。这款补水产品是我们××化妆品品牌的明星产品，回购率很高，它的主要成分有……它具有补水美白作用，很适合干性皮肤使用。您看，光我说好还不行，您自己觉得好才是最重要的，小姐，您亲自感受一下效果吧。”

点评：客户拒绝试用产品，但其皮肤又非常需要该类产品，这时，灵活进行专业指导可以很好地化解这一难题。导购员用专业的知识对客户的肤质状况进行分析，让客户清楚了解到自己的肤质状况，可激发客户的试用欲望。然后一边讲解，一边委婉地再次说服客户试用。

（3）“小姐，您的肤质不错，您是干性皮肤吧？干性皮肤到了秋季要更注意补水。这款补水产品是我们××化妆品的明星产品，回购率很高。它的主要成分是……它具有补水美白作用，很适合干性皮肤使用。现在是活动期间，可以打 8.8 折，这样算下来，100 毫升只要 112 元，112 元可以用 3 到 4 个月，很划算的。您看，我帮您试用一下？”

点评：客户拒绝试用的一个原因是对产品感兴趣，但产品太贵，自己承受不起。这时，导购员要抓住客户对产品有兴趣这一有利点，灵活地从客户的肤质入手，慢慢转移到产品功效以及产品性价比上，将产品价格分摊到每一天，用数字来打动客户，这样可以很好地引导客户思考，在推介中一步步说服客户进行产品试用或购买。

任务描述

（1）学生在教师的指导下分为 2 人一组，其中 1 人扮演导购员，1 人扮演购买美妆产品的客户。

（2）导购员通过引导让客户体验试妆。

（3）扮演导购员的学生填写相应的任务书，扮演客户的学生填写评价表，对同学做出评价。

（4）两人交换角色，重新完成实训任务。

实训准备

每组配备手机或平板电脑一台。

任务评价

实训任务书如表 4 – 20 所示，活动过程评价如表 4 – 21 所示。

表 4 – 20　　实训任务书

一、观察客户肤质，了解客户需求 （1）请描述客户肤质给你的印象，判断客服属于哪类肤质。 ______________________________ ______________________________ （2）通过观察以后，你认为客户购买美妆时会有哪些需求点？ ______________________________ ______________________________ 二、聆听客户心声，探寻客户需求 （1）你听到客户跟你说了什么？ ______________________________ ______________________________ （2）通过聆听以后，你认为客户购买美妆的需求是什么？ ______________________________ ______________________________ 三、提问客户，把握客户需求 （1）你向客户提了哪些问题？ ______________________________ ______________________________ （2）通过询问以后，你认为客户购买美妆的需求是什么？ ______________________________ ______________________________ （3）你最终判断客户所需要的是什么样的美妆？ ______________________________ ______________________________ （4）客户对你推荐的满意吗？客户同意试妆了吗？请你结合自己的表现进行总结。 ______________________________ ______________________________

表 4－21　　活动过程评价

<table>
<tr><td>班级</td><td></td><td>评分人</td><td></td><td>日期</td><td></td></tr>
<tr><td>序号</td><td colspan="2">评价要点</td><td>分值（分）</td><td>得分（分）</td><td>存在问题</td></tr>
<tr><td>1</td><td colspan="2">导购员是否认真聆听</td><td>20</td><td></td><td></td></tr>
<tr><td>2</td><td colspan="2">提问客户是否恰当</td><td>20</td><td></td><td></td></tr>
<tr><td>3</td><td colspan="2">是否准确挖掘出客户需求</td><td>20</td><td></td><td></td></tr>
<tr><td>4</td><td colspan="2">推荐美妆是否满意</td><td>40</td><td></td><td></td></tr>
<tr><td colspan="3">合计</td><td>100</td><td></td><td></td></tr>
<tr><td colspan="4">评价等级（合计分数 85 分以上为 A，70～85 分为 B，60～69 分为 C，60 分以下为 D）
评价人需提出改进意见</td><td colspan="2"></td></tr>
</table>

任务拓展与作业

导购员在探寻客户需求时都可以如何提问客户呢？借助网络搜索，列出至少 10 个挖掘客户需求的问题。

任务二　化妆品销售话术

任务情境

在明确客户需求以后，导购员会向客户推荐相应的化妆品，如何才能将选好的化妆品介绍给客户，以达到客户满意呢？这便是小贺即将学习的化妆品销售话术。

任务分析

学会用销售话术推售化妆品。

知识储备

随着化妆品市场竞争的日益激烈，化妆品一直受到广大女性的热爱。关注并掌握化妆品销售技巧和化妆品销售话术，成了每个化妆品导购员的必修课。

一、客户来之前

熟悉产品：要真正熟悉公司产品规格、产地、价格、促销政策、性能、消费者定位、卖点，做到烂熟于心。

了解公司：熟悉公司的历史、规模、组织、人事、销售政策、规章制度。必须熟悉以便能回答客户可能提出的有关问题，对答如流可以消除客户疑虑，使客户对公司产生信任感。

形象要求：淡妆上岗、发型得体、站姿端正、衣装整洁、口齿清晰，勤刷牙，口里无异味以免影响客户情绪。给人一种专业（佩戴胸牌）、亲切（微笑服务）、整洁、舒服的感觉，整体上让人信赖。

二、见到客户时

1. 话术前奏——让客户产生对导购员的信任

自信表现：面对客户时，声音不要发抖，脚下踩稳，语言要有力。眼睛正视客户，这不仅是对客户的尊重，更是自信的表现，换句话说就是“销售就是销售自信”。自信建立在专业知识上，对产品性能、使用方式等细则了如指掌。

微笑服务：尽量保持亲切大方的微笑，态度热情，忌以貌取人，服务周到体贴。把一个客户服务好了，实际上等于打了一期形象广告，她很有可能转告身边的朋友，介绍公司的服务，为公司做免费的口碑宣传。

主动接待：使用“欢迎光临×××”等迎门接待语。要主动为客户服务，客户带小孩时要帮忙照顾；客户拎大包时要提示客户可以把包先放下。促销时参考话术为“现在做活动呢，比如××产品”。用真诚的诉说、大方得体的站姿赢得客户好感。

用心沟通：参考话术为“姐，需要点什么”，一句问候拉近与客户的距离，尽量把自己最好的一面留给客户。仔细倾听客户讲话，适时对其进行赞美与点头微笑表示认同。

2. 话术开始——与客户沟通，达成交易

（1）问题：“你们这里有没有××化妆品？”

分析：客户就是来买化妆品的，要想法设法留住她。

“不好意思，我们这家店暂时没有，其他分店有，如果您需要的话，我可以让公司抓紧时间送过来。”（可以记录下来，有的话打电话通知）

“不好意思，这个牌子的化妆品没有，不过我们这里有和它一样功效的化妆品，现在有很多客户都在用这款。”

（2）问题：“我考虑考虑吧。”（或者直接说这产品有点贵了）

分析：客户说出此类话，可能是认为产品太贵，超出了自己的支付能力。

（客户嫌价格贵，但是很爱美）“这款产品虽然价格有些高，是其所含的营养成分高，它可以使用3个月，一共180多元，一天只花2元左右，就可以让您变得更漂亮，您说值不值？”

（客户嫌价格贵，但确实有消费能力）“现在这款产品正在做促销，过几天就要恢复原价了（或者说没有买赠活动了）。”

（客户对产品不放心）“这是大公司生产的产品，在我们店已经卖了×年了，质量很有保障，×××（明星）做的代言人，在×××电视台投放了广告。”

（3）问题：客户进店后，不说话，随处逛逛。

分析：客户可能是寻找特价产品，不好意思说出口，也可能纯粹是逛逛。

“姐，要是方便的话，我给您免费画画彩妆吧。”（客户有时间逛，当然就有时间画彩妆，客户试用的时间越长，成交的概率越大）

“姐，这是公司的宣传海报，有很多产品正在搞活动，您可以看看。”

（4）问题：客户犹豫不决。

分析：此时客户处于徘徊期，应假设成交，引导客户交费。

“我给您换支新的。”

“这是给您的赠品。”

“我给您再办一张会员卡，以后有更多的优惠。”

（5）问题：“这个产品用起来怎么样啊？”

分析：客户对产品功效缺乏了解，希望更深入了解此品牌产品。

“这是国际品牌，而且使用方便，便于携带，设计也挺精美。”（或者其他的产品独到好处）

“这款产品采用×××为主要原料，上市已经好几年了，会员就有很多，在本地一直很畅销。”

（6）问题：客户面对两种化妆品，不知道选择哪一种。

分析：当客户还没有下决心购买时，导购员就应巧用话术，帮客户下决心。

客户在犹豫究竟是选择商品 A 还是商品 B 时，导购员不能问客户：“您要这个吗？”而应该说：“商品 A 的保湿效果好，而商品 B 的功效主要是美白，您要哪个呢？”（把每个产品的卖点说透）

客户在犹豫究竟是选择商品 A 还是商品 B 时，导购员不能问客户：“您要这个吗？”而应该说：“商品 A 的保湿效果好，而商品 B 的功效主要是美白，您也可以搭配使用，效果会更好。”

三、送走客户后

不管成交与否都应提前一步给客户开门，并微笑说：“慢走。”如果没有销售成功，但是客户确实很有消费能力，可以赠送她一些试用装或杂志，让她回去试用或阅读。导购员应尽量地挽留客户，增强公司的美誉度。

送走客户后，要先记录好客户的信息，方便以后查阅。主要包括以下几条：会员姓名、会员编号、联系方式、购买金额，等等。

任务描述

（1）学生分为2人一组，1人扮演化妆品导购员，1人扮演客户。

（2）所有学生先完成实训任务书。

（3）根据实训任务书进行角色扮演，模拟处理化妆品销售过程中的客户异议。

（4）扮演客户的学生填写评价表，为导购员做出评价。

（5）组内交换角色，重新完成实训任务。

（6）随机抽选小组进行公开展示。

实训准备

每组配备手机或平板电脑一台。

任务评价

实训任务书如表4－22所示，活动过程评价如表4－23所示。

表4－22　实训任务书

以下是客户在购买化妆品过程中提出的6个异议，如果你是导购员该如何处理这些客户异议呢？请在相应位置写出你的回答。可借助互联网搜索相关资料辅助回答。

（1）客户："包装太大，如换小的我就买。"

导购员：____

____

（2）客户："产品太多，抹那么多层太麻烦了。"

导购员：____

____

（3）客户："我从来不用化妆品。"

导购员：____

____

（4）客户："产品这么好，为什么不进商场，不打广告？"

导购员：____

____

（5）客户："我朋友用过你们的产品，出现了某些问题。"

导购员：____

____

（6）客户："我不想换牌子。"

导购员：____

____

表 4 - 23　活动过程评价

班级		评分人		日期	
序号	评价要点		分值（分）	得分（分）	存在问题
1	对异议处理是否满意		30		
2	导购员是否始终面带微笑		20		
3	导购员举止是否得体		20		
4	是否正确引导客户成交		20		
5	导购员是否耐心服务		10		
合计			100		
评价等级（合计分数 85 分以上为 A，70 ~ 85 分为 B，60 ~ 69 分为 C，60 分以下为 D） 评价人需提出改进意见					

任务拓展与作业

关于暗示客户成交的语言除了课堂上列出的例子，还有哪些呢？请写出至少 5 句能在销售环节暗示客户成交的话，可以借助互联网进行资料收集。

（1）____________________

（2）____________________

（3）____________________

（4）____________________

（5）____________________

任务三　化妆品销售实战演练

任务情境

在店长的耐心指导下，小贺已经懂得了化妆品销售的步骤及方法，新的一天小贺不再像之前那样茫然不知所措了，他热情地接待每一位客户，能与客户友好沟通，也顺利地完成了自己的销售业绩，店长对他的表现很满意。同学们是否也可以独立完成化妆品销售任务了呢？

任务分析

（1）能够独立面对客户疑虑，并解决客户问题。

（2）学生能够独立完成化妆品销售实战演练。

知识储备

实战情景1：客户与导购员交流时显得心不在焉。

错误应对：

①导购员继续按照自己的思路跟客户交流；②既然客户没兴趣听，就索性不说了。

问题分析：

导购员继续按照自己的思路跟客户交流下去，类似这样的单向交流没有任何效果。从导购员角度来说，他们内心总会把这次机会视为难得的或者最后一次机会，所以总希望能够多交流一点。但是从客户角度，他们现在已经关闭了沟通的渠道，只是出于礼貌在敷衍。销售是双向的沟通，所以这样的沟通，效果不会很好。

既然客户没兴趣听，就索性不说了是另一种极端的做法，其实应该先了解客户不愿意交流下去的原因，再决定是否继续介绍。

销售策略：

在交流过程中，有些时候客户明明不愿意再继续沟通了，或者对导购员所讲的不感兴趣了，但出于礼貌也不会明说。应始终保持对客户的“察言观色”，观察其是否对导购员所讲的有所认同。如果出现下面的情形，导购员就得注意了。

第一，用手敲桌、跺脚、晃脚或连续脚尖点地。

第二，开始打哈欠，用手撑头。

第三，涂鸦。

第四，目光茫然。

第五，随时准备反驳、质疑导购员。

第六，不断看表和手机。

第七，跷腿。

客户听不下去可能是因为导购员讲的不是他们最关心的，不习惯导购员的沟通方式，或者客户着急去办什么事情等，所以要做综合判断。

实战情景2：“我自己先看看，有需要我再叫你/我随便看看，到时再叫你。”

错误应对：

①“好的，那你先看看。”（然后导购员就去做自己的事情）②“没关系的，我给您介绍一下吧。”

问题分析：

“好的，那你先看看”（然后导购员就去做自己的事情），很多时候客户很容易走掉，导购员应该随时保持对其的关注，寻找合适的时机主动上前交流。

“没关系的，我给您介绍一下吧”，这种精神是值得赞赏的，但是死缠烂打的方式不可取，因为客户既然提出这样的要求，往往越急于求成越会产生反作用。

销售策略以及具体话术：

要留住客户，必须要有主动出击的态度和必胜的信念。要留住客户，首先一定要端正态度。其实遇到每个客户对导购员都是缘分，也许他一生就来这一次，所以对导购员来说，把他接待得好一点，让他多了解产品的优点，多一个选择的机会是义不容辞的责任。此外，这是一次向客户展示品牌的良好机会，客户可以走，可以不买产品，但是至少导购员要告诉他选购一款好产品的标准是什么。导购员应该树立一个理念，那就是客户只有认可与了解导购员以及产品，才会产生兴趣，才会购买。如果客户都不了解产品又怎么会购买呢？就算不购买，他们也可能会因为了解产品、品牌以及这次愉快的经历而去做一些口碑传播。

导购员遇到说“我自己先看看，有需要我再叫你”的客户，千万不要信以为真，安静地坐在椅子上等着客户，50%—60% 的客户将永远不会叫导购员，他们会悄悄离开。为什么呢？很多客户之所以不愿意导购员给他们介绍，除了一部分是性格原因，喜欢自己看看之外，大部分是因为自己内心也没有完全下定决心购买，他们往往对自己的需求也不是非常明确，希望先看看。这时往往是对客户进行推销的最佳时机，具体做法如下。

第一，如果打过招呼后客户回答：“我先自己看看！”导购员可以说：“好的，那您先看看，我就在您附近，有需要请随时叫我，我姓陆，您叫我小陆好了！”在转身离开那一刻，导购员可以装作无意地回头说：“对了，刚才忘了，那边的 × × 产品是我们今年的最新产品！您可以重点关注一下！”为什么要这么说呢？因为这样可以引起客户的兴趣与关注。很多时候客户到了导购员说的产品前往往会重点去关注，这时也是导购员进行推荐的最佳时机，导购员可以上前说：“您好，这款就是我刚才说的我们今年的最新产品，我给您简单介绍一下吧。”

第二，大概 3 分钟后导购员可以借送水的机会以非常轻松的口吻问：“怎么样？有看到中意的吗？”如果客户说：“没有！”那导购员不如顺水推舟地说：“好的，我们的产品很多的，不如我给您简单介绍一下吧，这样可以节省您很多时间！”

第三，观察客户举动，比如留意客户特别关注或者长时间注视某款产品等举动，此时可以果断地上前进行推荐。

第四，要主动激发客户兴趣，通过多问“为什么”“怎么样”“感觉如何”了解客户需求，探求客户的需求点，让双方尽快互动起来。

实战情景 3：“你们节日做活动的话，那我等节日时候再来好了。”

错误应对：

①“好的，到时我们再通知您。”②“我们节日不是每次都做活动的。”③“没关系的，我现在就可以给您节日价。”

问题分析：

“好的，到时我们再通知您”，看似是很正常的回答，但问题是客户走出门店后又会遇到很多的变数，很有可能不再回来。

“我们节日不是每次都做活动的”，打击了客户的期望，可能会出现反效果。

“没关系的，我现在就可以给您节日价”，显得特别没底气，这样一来在与客户的谈判中将彻底失去回旋的空间。

销售策略与具体分析：

有个客户看上了一款×××产品，谈得快差不多了，突然问：“你们五一有活动吗？”导购员想都没想就回了一句：“是的，应该有活动！”谁知客户马上改口说：“那我等你们节日活动时再来吧，到时折扣更大一点！”

碰到这样的客户，最忌讳的就是向客户表现出急于成交的心态，譬如上面讲到的急着给客户优惠，或者告诉对方五一不做活动，或者说优惠力度不大等，这些都会降低客户的信任度，如果客户觉得导购员急于成交，那么无论哪种情况导购员都是失败的。

首先，导购员应该肯定客户的感受有道理，比如说：“可不是，如果是我也当然希望能够稍微便宜一点了。”这可以让客户放松对导购员的戒心。其次，导购员要确保客户对产品已经非常了解，所以要反复强调产品的特点，同时反复了解客户需求，让他喜欢这个产品，即使不能说服客户今天购买，起码要保证产品给他留下深刻的印象，否则客户会很容易遗忘。接着，导购员要寻找时机降低客户对节日促销的期望，把注意力转向产品本身和现在的活动与折扣，比如导购员可以装作无意地说：“其实五一的活动主要是针对滞销产品的（或者折扣力度不比现在大多少）。”以此降低客户对节日促销的期望，同时继续强调产品的优点，可以适当地暗示：“现在其实折扣也很大，而且很快在×月×日就结束了！”要给客户适当的压力。最后，如果客户还是决定在节日购买，导购员千万不要放弃，因为只要导购员确保客户深入了解产品并喜欢该产品，那么客户还是很有可能回来购买的，其间导购员可以发短信或者打电话跟客户保持沟通，如果有促销信息，第一时间通知客户，那么最终很多客户也会选择购买产品。

基本原则是能尽快成交就要尽快成交，防止更多的变数。但是如果客户不愿意接受，那也不要勉强，否则反而会引起客户反感。如果确实很想当天成交，利润空间足够，也愿意适当做些让步促使客户成交，导购员可以考虑有技巧让步，但是必须在坚持底线的情况下小步让价，同时提出条件。比如导购员可以说：“您好，我请示了老板，如果您今天现金购买，我们可以适当地送您一个××赠品……”

任务描述

（1）学生在教师的指导下分为4人一组，其中2人为一起购买化妆品的客户，1人为导购员，1 人为观察员。

（2）模拟完成一次化妆品销售，包括从客户进店到送客出店的全部过程。

（3）观察员仔细观察导购员的表现，完成实训任务书的填写。

（4）观察员根据评分要点给出评分。

（5）组内交换角色进行化妆品销售训练。

实训准备

（1）每组配备手机或平板电脑一台。

（2）每组准备一套化妆品，学生可以任选其中一件或几件进行销售。

任务评价

实训任务书如表 4－24 所示，活动过程评价如表 4－25 所示。

表 4－24　实训任务书

（1）客户扮演者的姓名是什么？

____

（2）该客户的需求是什么？

____

____

（3）导购员向客户推荐了几款化妆品？你认为恰当吗？

____

____

（4）客户对导购员推荐的产品有何反馈？

____

____

（5）导购员对于客户提出的问题是如何处理的，你认为是否恰当？

____

____

____

表 4－25　活动过程评价

班级		观察员			导购员	
序号	评价要点		分值（分）	得分（分）	存在问题	
1	亲切迎宾		10			
2	探寻客户需求		20			
3	化妆品介绍		20			

续 表

序号	评价要点	分值（分）	得分（分）	存在问题
4	试用服务	10		
5	促成交易	10		
6	收银服务	10		
7	送客服务	10		
8	全程面带微笑，举止得体	10		
合计		100		
评价等级（合计分数 85 分以上为 A，70 ~ 85 分为 B，60 ~ 69 分为 C，60 分以下为 D） 评价人需提出改进意见				

 **任务拓展与作业**

利用周末或假期寻找美妆店的导购员工作，将所学的知识和技能运用到实践，上传兼职期间的工作照片，并上交一篇 300 字以上的实践心得。

模块五　茶叶营销

项目一　中国茶文化

任务一　绿茶的特征及冲泡方法

任务情境

软件开发工程师李先生与同事小王下班后，相约来到了公司写字楼下的茶艺馆喝茶。落座后，李先生就忙着打开手提电脑与小王讨论工作。店内的茶艺师便热情地向他们推荐绿茶，并向他们介绍道："绿茶以形美、色翠、清香、味和四绝著称。绿茶以将鲜叶内的天然物质较多地保留为特性。"两位客人点头称是，在茶艺师介绍完各种绿茶名品后，他们选择品尝西湖龙井。

任务分析

（1）能识别绿茶，并能说出绿茶的分类及品质特征。

（2）能识别绿茶的主要品名，并能说出各名品的主要特征。

（3）熟悉西湖龙井的冲泡方法，并能简单地向客户推荐。

知识储备

一、简介

绿茶在茶品中有着崇高的地位，在历史上的十大名茶中，有许多种都是绿茶。全国各类绿茶有百种以上，形状多样，有扁平形、针形、卷曲形、珠形，等等；一般干茶翠绿，汤色嫩绿，味道鲜醇、回甘；香气有花香、清香、熟板栗香等。茶叶导购员学习绿茶的分类和特征，掌握绿茶的冲泡方法可以给客户更好地做一些推荐和示范，更好地提高销售额。

二、分类

中国绿茶，名品最多，不但香高味长，品质优异，且造型独特，具有较高的艺术欣赏价值。绿茶按其干燥和杀青方法的不同，一般分为炒青、烘青、晒青和蒸青绿茶。因原料细嫩，不宜久置，绿茶以春茶、新茶最好，夏茶最差。

三、品质特征

绿茶自然、清香、味鲜、形美、耐冲泡。

绿茶具有“清汤绿叶”的品质共性，具有“三绿”特征，即干茶翠绿、汤色碧绿、叶底嫩绿。滋味清淡，微苦回甘。

四、主要名品

绿茶中的主要名品有西湖龙井、洞庭碧螺春、黄山毛峰、六安瓜片、庐山云雾、太平猴魁、信阳毛尖、竹叶青、永川秀芽等。接下来主要以西湖龙井为例进行介绍。

“茶中之美数龙井”，西湖龙井为中国众名茶之首，享有国茶之称。

（1）产地。

西湖龙井产于浙江杭州西湖龙井茶区。这里傍湖依山，气候温和，常年云雾缭绕，雨量充沛，加上土质肥沃，林木茂密。得天独厚的地理条件孕育了龙井茶不凡的品质。

（2）采制。

西湖龙井属炒青绿茶。其优异的品质是精细的采制工艺形成的，其采制有三大特点：一是早，二是嫩，三是勤。以清明前采制的最为珍贵，其次为谷雨前采制的，分别称为“明前”“雨前”。只采一个嫩芽的称为“莲心”；一芽一叶的称为“旗枪”；一芽二叶的称为“雀舌”。西湖龙井茶是经过数道工序而成的手工制作精品。龙井茶现分为 11 级，即特级、1 ~ 10 级。

（3）品质特征。

外形嫩叶包芽，光扁平直，色泽绿中带黄，汤色杏绿明亮，香气幽雅清高，滋味甘鲜醇和，叶底细嫩成朵。正如清人陆次云所说，啜之淡然，似乎无味。饮过后，觉有一种太和之气，弥沦乎齿颊之间，此无味之味，乃至味也。

五、冲泡西湖龙井（中投法盖碗冲泡绿茶）

1. 茶艺要点

中投法：先投入茶叶，再注入少量热水温润茶叶，待芽叶舒展后注水至七分满，这就是中投法。

绿茶多采用中投法冲泡，如西湖龙井、黄山毛峰、竹叶青等。

用盖碗冲泡高档绿茶，冲水后杯盖不要立即平放密闭，以露边斜放为宜。以免焖熟绿茶芽叶，影响茶汤滋味。

饮茶时用盖子先拂去茶叶，若茶叶入口，咽下为宜。

2. 冲泡西湖龙井的步骤

（1）备具：准备茶叶和器具。

（2）温烫盖碗：用沸水温烫盖碗。

（3）温烫杯盖：温烫杯盖并倒出废水。

（4）投茶：从茶罐中取适量西湖龙井并轻轻投入盖碗中。

（5）浸润泡：向杯中倒入少量80摄氏度左右的热水，浸没茶叶即可，看茶叶渐渐浸润，稍稍展开，时间10秒钟左右。

（6）冲水：高冲水至七分满。

（7）正泡：杯盖露边斜盖，以免焖熟芽叶。

（8）品饮：冲泡好的龙井茶充分舒展开来，可直接用盖碗品饮，也可倒入公道杯分饮。

（9）闻盖碗汤香。

任务描述

绿茶的品类除了西湖龙井外，还有很多，请通过查找资料找出以下绿茶品类的信息，完成表5－1。

表5－1　绿茶品类信息

品类信息 / 绿茶品类	产地	采制	品质特征
洞庭碧螺春			
黄山毛峰			
六安瓜片			
庐山云雾			
太平猴魁			
信阳毛尖			

学生两两配对，进行客户与茶艺服务员的角色扮演，通过冲泡模拟向客户推荐一款绿茶名品。

实训准备

每组配备茶叶若干，茶具一套，温水一壶。

任务评价

依据小组演练的情况，实行小组内成员互评和教师评价，给出提升建议并进行综合评价，填入表5－2。

表5－2　　活动过程评价

班级		评分人		日期	
评价项目	要点		分值（分）	得分（分）	存在问题
解说效果	内容充实，条理清晰		10		
	发音标准，语调柔和		10		
职业素养	端庄大方，热情周到		10		
	能与客户有效沟通，有团队合作精神		10		
知识要求	介绍绿茶	简介	10		
		分类	10		
		品质特征	10		
		主要名品	10		
	推荐名品	产地	5		
		采制	5		
		品质特征	10		
合计			100		
评价等级（合计分数85分以上为A，70～85分为B，60～69分为C，60分以下为D） 评价人需提出改进意见					

任务拓展与作业

有一位客户气势汹汹地走进茶行，声称自己购买的西湖龙井回去冲泡的时候口味与之前在茶行品的相差甚远。请你为此异议编写一段合适的处理文案。

任务二　红茶的特征及冲泡方法

任务情境

怀特夫妇是从荷兰来中国的游客，游览之余，他们来到了酒店内的茶室喝茶，英语流利的茶艺师小黄彬彬有礼地接待了他们。怀特夫人说："在家的时候，我们和朋友们都喜欢喝红茶，因为它比较温和。我们经常喝英国红茶，来到了中国就一定要试试中国的红茶。"于是，小黄向客人介绍了我国红茶代表名品的品质特征，以方便客人选择他们喜爱的红茶。

任务分析

（1）能识别红茶，并能说出红茶的制作工艺、分类及品质特征。

（2）熟悉正山小种的冲泡方法，并能简单地向客户进行推荐。

知识储备

红茶始制于17世纪初期（也有观点为19世纪）。红茶起源于中国，却在异国形成了独具特色的红茶文化。红茶的发源地是今福建省武夷山市的星村镇桐木关一带，最早的红茶为正山小种。红茶的品质特征是红汤红叶。红茶初制是将鲜叶采摘后先进行萎凋，之后进行揉捻或揉切，再发酵，最后干燥。

一、红茶的制作工艺

鲜叶→萎凋→揉捻→发酵→干燥→红条茶。

鲜叶→萎凋→揉切→发酵→干燥→红碎茶。

萎凋是打造红茶品质的关键工序。

二、红茶的分类

红茶主要有工夫红茶、小种红茶和红碎茶（叶茶、碎茶、片茶和末茶）三大类。工夫红茶为条形红茶，是我国的传统红茶。小种红茶是全世界红茶的始祖。红碎茶为细小颗粒状，比较适合加入牛奶、糖、果汁等来调饮，是国际贸易的主要商品。

三、品质特征

红茶香气鲜浓带甜香，滋味甘醇略带涩味，汤色红艳明亮。

红茶茶性温和，目前，红茶深受欧美各国消费者的欢迎，是世界茶叶贸易的大宗商品。

四、主要名品

国内市场上有正山小种、祁门工夫红茶、滇红等为消费者熟知的红茶。

正山小种产于福建省武夷山一带，又称为拉普山小种，是中国红茶的始祖。观其色，茶汤深黄，有金圈为上品茶；品其味，茶汤滋味醇厚细柔，喉感明显；嗅其香，有松烟香、桂圆香和蜜枣香是正山小种的突出特点。

祁门工夫红茶产于我国安徽省祁门县一带，因香高形秀，又被誉为“王子茶”。祁门工夫红茶是传统工夫红茶中的极品，是世界三大高香茶之一。

滇红产于云南临沧、保山、凤庆、西双版纳、德宏等地，采用优良的云南大叶种茶树鲜叶为原料，属大叶种红茶，是我国工夫红茶中的一大特色产品。其以外形肥硕坚实、金毫显露、香气鲜爽、滋味浓强独树一帜。

川红工夫茶产于四川省宜宾市，亦称为宜红茶。创制于20世纪50年代，外形条索紧结，色泽乌黑油润，香气清鲜，滋味醇厚鲜爽，汤色浓亮，叶底柔软均匀，是中国工夫红茶的后起之秀。

五、冲泡正山小种（盖碗泡法）

正山小种（见图5－1）是我国福建武夷山的特产，国际上曾一度将正山小种红茶推崇为中国最好的红茶，足可见正山小种的国际知名度。

图5－1　正山小种

冲泡正山小种的步骤如图5－2所示，冲泡淡茶与浓茶的区别如图5－3所示。

第一步：温杯
用开水温茶具，使茶具均匀受热。

第二步：投茶
取5g左右红茶放入茶杯中。

第三步：洗茶
倒入适量开水（将茶叶完全淹没），然后快速将水倒掉（唤醒茶香即可）。

第四步：泡茶
再倒入开水（温度90摄氏度左右）盖上盖，出汤时间：第一泡至第三泡在3—10秒，之后每冲泡一次延长5秒。

第五步：出汤
将茶汤通过茶滤网倒入公道杯中，保障每泡出汤时间一致，味道均匀。

第六步：品茶
将公道杯中茶汤分别倒入品茗杯中，闻其香，观其色，细细品味。

图 5－2　冲泡正山小种的步骤

茶<3g；水250mL
冲泡时间<30秒

茶>3g；水250mL
冲泡时间>30秒

图 5－3　冲泡淡茶与浓茶的区别

任务描述

学生两两配对，进行客人与茶艺服务员的角色扮演，通过冲泡模拟向客户推荐一款红茶名品。

实训准备

每组配备茶叶若干，茶具一套，温水一壶。

任务评价

依据小组演练的情况，实行小组内成员互评和教师评价，给出提升建议并进行综合评价，填入表5－3。

表5－3　　活动过程评价

<table>
<tr><td>班级</td><td colspan="2"></td><td colspan="2">评分人</td><td></td><td>日期</td><td></td></tr>
<tr><td>评价项目</td><td colspan="2">要点</td><td>分值（分）</td><td colspan="2">得分（分）</td><td colspan="2">存在问题</td></tr>
<tr><td rowspan="2">解说效果</td><td colspan="2">内容充实，条理清晰</td><td>10</td><td colspan="2"></td><td colspan="2"></td></tr>
<tr><td colspan="2">发音标准，语调柔和</td><td>10</td><td colspan="2"></td><td colspan="2"></td></tr>
<tr><td rowspan="2">职业素养</td><td colspan="2">端庄大方，热情周到</td><td>10</td><td colspan="2"></td><td colspan="2"></td></tr>
<tr><td colspan="2">能与客户有效沟通，
有团队合作精神</td><td>10</td><td colspan="2"></td><td colspan="2"></td></tr>
<tr><td rowspan="7">知识要求</td><td rowspan="4">介绍红茶</td><td>制作工艺</td><td>10</td><td colspan="2"></td><td colspan="2"></td></tr>
<tr><td>分类</td><td>10</td><td colspan="2"></td><td colspan="2"></td></tr>
<tr><td>品质特征</td><td>10</td><td colspan="2"></td><td colspan="2"></td></tr>
<tr><td>主要名品</td><td>10</td><td colspan="2"></td><td colspan="2"></td></tr>
<tr><td rowspan="3">推荐名品</td><td>产地</td><td>5</td><td colspan="2"></td><td colspan="2"></td></tr>
<tr><td>加工工艺</td><td>5</td><td colspan="2"></td><td colspan="2"></td></tr>
<tr><td>品质特征</td><td>10</td><td colspan="2"></td><td colspan="2"></td></tr>
<tr><td colspan="3">合计</td><td>100</td><td colspan="2"></td><td colspan="2"></td></tr>
<tr><td colspan="4">评价等级（合计分数85分以上为A，70～85分为B，60～69分为C，60分以下为D）
评价人需提出改进意见</td><td colspan="4"></td></tr>
</table>

任务拓展与作业

在向客户推荐红茶的时候可以从哪几个方面进行介绍？借助网络搜索，结合红茶的价位和红茶文化进行说明。

任务三　白茶的特征及冲泡方法

任务情境

盛夏的一天，茶艺馆里来了几位中年客户。落座后，客户讨论着茶单上的茶品，不能决定喝什么茶。此时，茶艺师热情介绍说："我向大家推荐茶中新贵白茶。前几年，比起绿茶、红茶，白茶似乎还不大为人所知，可如今它却是茶客热衷的杯中物。白茶比较适合在炎热的夏天饮用。"听完茶艺师的介绍，客户决定品尝白毫银针，并请茶艺师讲解白毫银针的特性。

任务分析

（1）能识别白茶，并能说出白茶的制作工艺、分类及品质特征。

（2）能识别白毫银针，并能说出其主要特征。

（3）熟悉白毫银针的冲泡方法，并能简单地向客户进行推荐。

知识储备

白茶为轻微发酵茶，毫色银白，主要产于闽北的政和和闽东的福鼎等地。其以福鼎大白茶、政和大白茶等品种茶树的鲜叶为原料，加工时不炒不揉，萎凋后用文火烘干，白茸毛在茶的外表完整地保留下来，呈现白色。白茶主销港澳地区及马来西亚、新加坡等地。采摘白茶如图 5－4 所示。

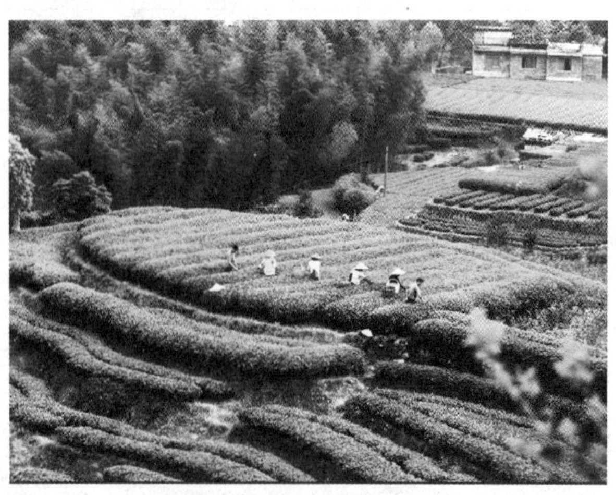

图 5－4　采摘白茶

一、制作工艺

白茶制作工艺为鲜叶→萎凋→干燥。

新工艺白茶制作工艺为鲜叶→萎凋（先自然，后加温）→发酵→揉捻（轻）→干燥。萎凋是形成白茶品质的关键工序。

二、白茶的分类

白茶因茶树品种、原料（鲜叶）采摘的标准不同，分为白芽茶和白叶茶。

白芽茶主要有白毫银针。

白叶茶主要有白牡丹、寿眉等。

三、品质特征

茶芽满披白毫，色白隐绿，汤色浅淡素雅，香气清弱，滋味清鲜爽口回甘。白茶素有“银装素裹”之美感，茶性寒凉。

四、主要名品

白茶的主要名品有白牡丹、白毫银针、寿眉等。这里主要介绍白毫银针。

白毫银针简称银针，又叫白毫，属白茶中的极品。在众多茶叶中，它的外表极优美，被誉为“茶中美女”。

（1）产地。

白毫银针产于福建省福鼎、政和、松溪等地。其年产量较小，是茶叶中不可多得的珍品。

（2）采制。

白毫银针的采摘十分细致，要求极其严格，只在三月下旬至清明节采摘大白茶良种茶树上肥壮多毫的茶芽或一芽一叶。制作过程只分萎凋和烘焙两道工序，不炒不揉，使茶芽自然缓慢地变化，是原始、自然的茶叶。

（3）品质特征。

芽头肥壮，满披白毫，条秀如针，色白如银，因而得名。汤色浅杏黄，清澈晶莹，香气清芳，滋味清香甜爽，叶底黄绿，匀齐肥嫩，有白如云、绿如梦、洁如雪、香如兰之美誉。以透明玻璃杯沏泡，初为“满盏浮茶乳”，后茶芽吸水部分沉落杯底，银针挺立，上下交错，望之如钟乳石，蔚为奇观。

五、冲泡白毫银针

第一步：温杯洁具。

用开水淋烫茶具后倒掉（盖碗→公道杯→品茗杯），这个过程有两个作用：一是清洁茶具；二是提升茶具温度，使茶叶的香气得到更好激发。温杯洁具如图 5－5 所示。

图 5－5　温杯洁具

第二步：投茶。

将准备好的白毫银针投入盖碗中（见图 5－6）。

图 5－6　投茶

第三步：摇香。

茶具留下的温度，此时会激发茶叶一部分香气。拿起盖碗上下摇动三次，可开盖感受白毫银针特有的毫香蜜韵。

第四步：洗茶。

将 90—95 摄氏度的热水沿盖碗杯壁注入（注意不要冲击茶叶），这样既不会损伤茶芽品相，又不至于因为茶芽大量脱毫令茶汤变浊，而影响其汤色的美感，洗茶的茶汤需要迅速倒掉。洗茶如图 5 －7 所示。

图 5 －7　洗茶

洗茶要点：一是由于白毫银针鲜叶原料为茶芽，冲泡水温不宜过高，应该保持在 90—95 摄氏度。二是顶级的白毫银针有独特的回汤泡，即洗茶的水不用丢弃，直接拿来再次冲泡饮用，这样第一泡的茶汤就非常甘甜，当然，这只适合少数高端白毫银针。

第五步：冲泡。

注水时沿盖碗边缘注入，等 15 秒左右出汤，之后每泡延长 5 秒。

此时有一个秘诀，每回往外分茶汤，不可全倒空，应留汤底约三分之一，这样，续过新水之后，茶汤还能有原来的韵味。

任务描述

请同学们通过查找资料了解白牡丹、寿眉两种白茶，完成表 5 －4。

表 5 －4　白茶品类信息

品类信息 白茶品类	产地	采制	品质特征
白牡丹			
寿眉			

学生两两配对，进行客户与茶艺服务员的角色扮演，通过冲泡模拟向客户推荐一款白茶名品。

实训准备

（1）仿真茶艺馆实训场地。
（2）茶叶：白毫银针、白牡丹。
（3）多媒体教具。
（4）茶艺师化妆用器及服饰。

任务评价

依据小组演练的情况，实行小组内成员互评和教师评价，给出提升建议并进行综合评价，填入表 5 – 5。

表 5 – 5　活动过程评价

<table>
<tr><td>班级</td><td colspan="2"></td><td>评分人</td><td colspan="2"></td><td>日期</td><td></td></tr>
<tr><td>评价项目</td><td colspan="2">要点</td><td>分值（分）</td><td>得分（分）</td><td colspan="3">存在问题</td></tr>
<tr><td rowspan="2">解说效果</td><td colspan="2">内容充实，条理清晰</td><td>10</td><td></td><td colspan="3"></td></tr>
<tr><td colspan="2">发音标准，语调柔和</td><td>10</td><td></td><td colspan="3"></td></tr>
<tr><td rowspan="2">职业素养</td><td colspan="2">端庄大方，热情周到</td><td>10</td><td></td><td colspan="3"></td></tr>
<tr><td colspan="2">能与客户有效沟通，
有团队合作精神</td><td>10</td><td></td><td colspan="3"></td></tr>
<tr><td rowspan="7">知识要求</td><td rowspan="4">介绍白茶</td><td>制作工艺</td><td>10</td><td></td><td colspan="3"></td></tr>
<tr><td>分类</td><td>10</td><td></td><td colspan="3"></td></tr>
<tr><td>品质特征</td><td>10</td><td></td><td colspan="3"></td></tr>
<tr><td>主要名品</td><td>10</td><td></td><td colspan="3"></td></tr>
<tr><td rowspan="3">推荐名品</td><td>产地</td><td>5</td><td></td><td colspan="3"></td></tr>
<tr><td>采制</td><td>5</td><td></td><td colspan="3"></td></tr>
<tr><td>品质特征</td><td>10</td><td></td><td colspan="3"></td></tr>
<tr><td colspan="3">合计</td><td>100</td><td></td><td colspan="3"></td></tr>
<tr><td colspan="4">评价等级（合计分数 85 分以上为 A，70 ~ 85 分为 B，60 ~ 69 分为 C，60 分以下为 D）
评价人需提出改进意见</td><td colspan="4"></td></tr>
</table>

任务拓展与作业

茶艺有一套仪态练习标准，请参照相关视频进行学习，并示范演练标准的茶艺站姿和坐姿。

任务四　乌龙茶的特征及冲泡方法

任务情境

赵先生带公司的几位客户到茶艺馆喝茶，他们点了安溪铁观音。随后，在他们的叙谈中，茶艺师小王介绍了铁观音茶的品质特征："乌龙茶由宋代贡茶龙团、凤饼演变而来，创制于1725年前后（清雍正年间）。乌龙茶综合了绿茶和红茶的制法，其品质介于绿茶和红茶之间，既有红茶的浓鲜味，又有绿茶的清香味，并有'绿叶红镶边'的美誉。品尝后齿颊留香，回味甘鲜。"

大家满意地点头，纷纷表示今后要常饮乌龙茶。

任务分析

（1）能识别乌龙茶，并能说出乌龙茶的制作工艺、分类及品质特征。

（2）能识别安溪铁观音、大红袍、台湾冻顶乌龙3种乌龙茶名品，并能说出各名品的主要特征。

（3）熟悉乌龙茶的冲泡方法，并能简单地向客户进行推荐。

知识储备

乌龙茶制作工艺极复杂费时，泡法品饮也极讲究。品饮乌龙茶重在其韵，不同的乌龙茶，其韵味各有千秋。

一、制作工艺

乌龙茶属于半发酵茶（发酵度为20%～70%），是鲜叶经过晒青、摇青、杀青、揉捻、干燥等工序制成的。乌龙茶综合了绿茶和红茶的制法，适当发酵，使叶缘呈红色，叶片中间为绿色，三分红七分绿，美其名曰"绿叶红镶边"。

二、分类

闽南乌龙：铁观音、黄金桂、奇兰等。

闽北乌龙：大红袍、水仙、铁罗汉等。

广东乌龙：凤凰单枞、凤凰水仙等。

台湾乌龙：冻顶乌龙、文山包种、东方美人等。

三、品质特征

乌龙茶外形粗壮紧实，色泽青褐油润，有花香果味，从清新的花香、果香到熟果香都有，滋味醇厚微苦回甘，汤色蜜黄色或黄红色。

四、主要名品

乌龙茶中的主要名品有铁观音、大红袍、凤凰单枞、冻顶乌龙等。下面主要介绍大红袍。

（1）产地。

大红袍原产于武夷山九龙窠高岩峭壁上，岩壁上至今仍保留着 1927 年天心寺和尚所作的“大红袍”石刻。这里日照短，多反射光，昼夜温差大，岩顶终年有细泉浸润流滴。这种特殊的自然环境，造就了大红袍的特异品质。

（2）采制。

大红袍茶树叶质较厚，叶色深绿有光泽，新芽微微泛红。制作大红袍的各道工序全部由手工操作，其以精湛的工艺特制而成。大红袍茶树经研究试验、繁育种植，已能满足批量生产大红袍需要。

（3）品质特征。

外形条索紧结，色泽绿褐鲜润，汤色橙黄明亮，叶片红绿相间。香气馥郁，有兰花香，香高而持久，滋味醇厚回甘，“岩韵”明显。大红袍很耐冲泡，冲泡七八次仍有香味。品饮大红袍，应以小壶小杯细品慢饮的方式，如此才能真正品尝到岩茶之巅的韵味。

五、冲泡大红袍

大红袍的冲泡步骤如下。

1. 洁具

这一步对于冲泡大红袍来说非常重要，必须把冲泡器（盖碗或紫砂壶）内外冲洗干净，而且必须热透。

2. 赏茶

无论是冲泡者还是品饮者此时都应该认真地看看茶的外形、色泽，闻闻干茶的香气。当然，此时香气尚不能很好地散发出来。通过下面的步骤就可以闻到大红袍的迷人香气了。

3. 置茶

置茶时，动作要快，尽可能地保持冲泡器的温度。

4. 洗茶

大红袍的外形不像铁观音那么紧结，所以洗茶可以简单一些。入水之后，就可以马上把洗茶水倒出来。不建议倒入公道杯中然后分入品茗杯的做法。

5. 冲泡

在大红袍的冲泡中，高冲显得非常重要。高冲时，最好让茶叶在盖碗中能翻滚起来。冲水后大约 15 秒即倒茶（利用这时间将温杯水倒回池中）。

6. 出汤

（1）分杯。

不用公道杯，直接把茶汤均匀地倒入各闻香杯中，第一泡倒三分之一，第二泡依旧，第三泡倒满。

（2）闻香。

在冲泡大红袍过程中，会有满室生香的效果。将品茗杯及闻香杯（品茗杯在右，闻香杯在左）一齐放置在客户面前。把闻香杯中的茶倒入品茗杯中，双手搓动闻香杯。微微闭上眼睛，深呼吸。

（3）品茶。

大红袍名声在外，所以很多人喝茶的时候都会有点迫不及待。这时候要告诉客户把心态放平和，缓缓吸入茶汤，慢慢体味，徐徐咽下。

任务描述

乌龙茶的名品除了大红袍外，还有铁观音、铁罗汉、凤凰单枞、冻顶乌龙等；请同学们通过查找资料找出以下乌龙茶品类的信息，完成表 5 –6。

表 5 –6　　乌龙茶品类信息

品类信息 / 乌龙茶品类	产地	采制	品质特征
铁观音			
大红袍			
铁罗汉			
凤凰单枞			
冻顶乌龙			

学生两两配对，进行客户与茶艺服务员的角色扮演，通过冲泡模拟向客户推荐一款乌龙茶名品。

实训准备

（1）仿真茶艺馆实训场地。

（2）茶叶：铁观音、大红袍、冻顶乌龙。

（3）多媒体教具。

（4）茶艺师化妆用器及服饰。

任务评价

依据小组演练的情况，实行小组内成员互评和教师评价，给出提升建议并进行综合评价，填入表5－7。

表5－7　　活动过程评价

<table>
<tr><td>班级</td><td colspan="2"></td><td>评分人</td><td colspan="2"></td><td>日期</td><td></td></tr>
<tr><td>评价项目</td><td colspan="2">要点</td><td>分值（分）</td><td>得分（分）</td><td colspan="3">存在问题</td></tr>
<tr><td rowspan="2">解说效果</td><td colspan="2">内容充实，条理清晰</td><td>10</td><td></td><td colspan="3"></td></tr>
<tr><td colspan="2">发音标准，语调柔和</td><td>10</td><td></td><td colspan="3"></td></tr>
<tr><td rowspan="2">职业素养</td><td colspan="2">端庄大方，热情周到</td><td>10</td><td></td><td colspan="3"></td></tr>
<tr><td colspan="2">能与客户有效沟通，
有团队合作精神</td><td>10</td><td></td><td colspan="3"></td></tr>
<tr><td rowspan="7">知识要求</td><td rowspan="4">介绍乌龙茶</td><td>制作工艺</td><td>10</td><td></td><td colspan="3"></td></tr>
<tr><td>分类</td><td>10</td><td></td><td colspan="3"></td></tr>
<tr><td>品质特征</td><td>10</td><td></td><td colspan="3"></td></tr>
<tr><td>代表名品</td><td>10</td><td></td><td colspan="3"></td></tr>
<tr><td rowspan="3">推荐名品</td><td>产地</td><td>5</td><td></td><td colspan="3"></td></tr>
<tr><td>采制</td><td>5</td><td></td><td colspan="3"></td></tr>
<tr><td>品质特征</td><td>10</td><td></td><td colspan="3"></td></tr>
<tr><td colspan="3">合计</td><td>100</td><td></td><td colspan="3"></td></tr>
<tr><td colspan="4">评价等级（合计分数85分以上为A，70～85分为B，60～69分为C，60分以下为D）
评价人需提出改进意见</td><td colspan="4"></td></tr>
</table>

任务拓展与作业

小李大学期间沉迷于电脑，不爱运动，因此体形较胖。参加工作后收入一般，平时工作忙碌之余，喜欢健身减肥，请为他选择一款乌龙茶，并说明推荐该茶叶的理由。

任务五　黑茶的特征及冲泡方法

任务情境

李先生到丽江旅游，一天晚饭后到茶馆喝茶，恰巧赶上茶馆的品茗会。该茶馆每月举办一次品茗会，邀请丽江市民和游客品评各种茶品。那天，茶馆提供的是优质云南普洱散茶，李先生尝后对茶叶苦涩浓烈的口感、青黄色的茶汤和绿色的叶底留下了深刻的印象。这也使李先生产生了一个疑问：之前都听说普洱茶是粗枝大叶、汤色红浓艳丽、口感醇厚润滑的，为什么今天喝的和描述中相差那么大呢?

任务分析

（1）能识别黑茶，并能说出黑茶的制作工艺、分类及品质特征。

（2）能识别生普洱茶和熟普洱茶，并能说出两者的主要特征。

（3）熟悉六堡茶冲泡方法，并能简单地向客户进行推荐。

知识储备

一、制作工艺

黑茶属后发酵茶（随时间推移，发酵程度加深），是鲜叶经过杀青、揉捻、渥堆、干燥工艺制成的。黑茶成熟度较高，是我国特有的茶类，品种丰富，产销量大，仅次于绿茶和红茶。黑茶以制成紧压茶边销为主，主要产于湖南、湖北、四川、云南、广西等地。

二、分类

黑茶的主要品种有湖南黑茶、湖北老青茶、四川边茶和滇桂黑茶。

三、品质特征

茶叶呈青褐色至暗褐色，叶粗、梗多，茶汤橙黄色或褐色，香气醇和，具陈香、樟香、枣香、荷香等，滋味醇厚，回甘持久。黑茶茶性温和，耐泡耐煮、耐存放。

四、主要名品

黑茶的主要名品有安化黑茶、云南普洱茶、六堡茶、湖北佬扁茶、四川边茶等。

黑茶的紧压茶是藏族、蒙古族和维吾尔族人民日常生活的必需品，有“宁可一日无食，不可一日无茶”之说。尤其是普洱茶，以独特的品质特征闻名国内外，被誉为“可以喝的古董”。云南普洱茶是极具代表性的黑茶品种之一，伴随茶马古道产生于云南，具有强烈的地域性、工艺性特点。普洱茶具有独特的色、香、味，并有“越陈越香”的特性。

（1）产地。

云南普洱茶主要产于云南省西双版纳和思茅一带。西双版纳旧属普洱，普洱茶故此得名。茶产区气候温暖，雨量充足，风调雨顺，湿度较大，土层深厚，有机质含量丰富。茶树高大，多为野生乔木，生于海拔 1200 ~ 1400 米亚热带、热带山地森林中，芽叶品质优异。

（2）采制。

云南普洱茶是以云南大叶种为原料制成的。采摘时从茶芽往下采摘到第三叶，分级时，级别高的芽多，级别低的叶多梗多。特殊的制茶工艺和储藏方法则是其品质形成的关键。鲜叶先经萎凋、杀青、揉捻、晒干制成晒青毛茶，而后分别有两种制作工艺。一是传统普洱茶工序：晒青毛茶→蒸制紧压→干燥→放置（自然发酵）→生普洱茶（“生普”，让其与空气接触，自然变化而产生后发酵，储存时间越长，茶质越醇，过程相当缓慢）。二是现代普洱茶工序：晒青毛茶→渥堆（人工发酵、在一定温度、湿度下促使茶叶发酵）→晾干→制成散茶或蒸制成紧压茶→熟普洱茶（“熟普”，人工快熟）。1973 年以后才逐渐掌握渥堆工艺，之后才出现“熟普”。

（3）品质特征。

“生普”干茶初为青绿或墨绿色，汤色绿黄清亮，口感强烈，茶气足，茶汤清香，苦而带涩，但苦能回甘，涩能生津。叶底肥厚黄绿，柔韧有弹性。年复一年，茶色逐渐变深，由青绿到黄红到褐红色，陈香味越来越醇厚，汤色金黄透亮，茶味浓厚滑润回甘。“生普”茶多酚的含量高，一般要存放几年，待内质稳健后饮用。在适宜的环境条件下其可存放 50 ~ 60 年。

“熟普”干茶为棕红色或深褐色，条形粗壮紧实，汤色为栗红或暗红色，透亮，色如红酒，美如琥珀。滋味甜醇回甘，稠厚顺滑，饮之舌根生津，具有特殊的陈香、枣香或桂圆香，叶底红褐或深褐，不柔韧，硬而易碎。经久耐泡，经 7 ~ 10 次冲泡仍有香味。上品“熟普”也是值得珍藏的，同样“熟普”的香味仍会随着陈化的时间变长而变得越来越柔顺、浓郁。

五、冲泡六堡茶

六堡茶因独特的后发酵工艺而备受推崇，但也同样是因为这个特色工艺，很多初次接触六堡茶的人很难一喝就马上接受并喜欢上六堡茶，有茶友说，六堡茶口味像广式凉茶，也有茶友说像中药。

六堡茶的冲泡步骤如下。

（1）温杯：用烧开的清水洗涤茶具，以提高茶具的温度，并起到清洁卫生的作用。

（2）投茶：投茶量为1/3至1/4盖碗（陈茶要适当加量，新茶适当减少投茶量）。

（3）润茶：用沸水润洗两遍，要求快速。作用为去掉六堡茶的浮沫；醒茶，利于茶性更好展现。

（4）从第三泡开始饮用，一般第四或第五泡口感最好。冲泡过程中，根据茶汤的颜色来控制冲泡的时间，调节茶汤的浓度。

任务描述

学生两两配对，进行客户与茶艺服务员的角色扮演，在教师的指导下，模拟向客户介绍黑茶。

学生两两配对，进行客户与茶艺服务员的角色扮演，通过冲泡模拟向客户推荐一款黑茶名品。

实训准备

（1）仿真茶艺馆实训场地。

（2）茶叶：生普洱茶、熟普洱茶。

（3）多媒体教具。

（4）茶艺师化妆用器及服饰。

任务评价

依据小组演练的情况，实行小组内成员互评和教师评价，给出提升建议并进行综合评价，填入表5－8。

表5－8　　活动过程评价

班级		评分人		日期	
评价项目	要点	分值（分）	得分（分）	存在问题	
解说效果	内容充实，条理清晰	10			
	发音标准，语调柔和	10			

续　表

<table>
<tr><th>评价项目</th><th colspan="2">要点</th><th>分值（分）</th><th>得分（分）</th><th>存在问题</th></tr>
<tr><td rowspan="2">职业素养</td><td colspan="2">端庄大方，热情周到</td><td>10</td><td></td><td></td></tr>
<tr><td colspan="2">能与客户有效沟通，
有团队合作精神</td><td>10</td><td></td><td></td></tr>
<tr><td rowspan="7">知识要求</td><td rowspan="4">介绍黑茶</td><td>制作工艺</td><td>10</td><td></td><td></td></tr>
<tr><td>分类</td><td>10</td><td></td><td></td></tr>
<tr><td>品质特征</td><td>10</td><td></td><td></td></tr>
<tr><td>代表名品</td><td>10</td><td></td><td></td></tr>
<tr><td rowspan="3">推荐名品</td><td>产地</td><td>5</td><td></td><td></td></tr>
<tr><td>加工工艺</td><td>5</td><td></td><td></td></tr>
<tr><td>品质特征</td><td>10</td><td></td><td></td></tr>
<tr><td colspan="3">合计</td><td>100</td><td></td><td></td></tr>
<tr><td colspan="4">评价等级（合计分数 85 分以上为 A，70～85 分为 B，60～69 分为 C，60 分以下为 D）
评价人需提出改进意见</td><td colspan="2"></td></tr>
</table>

任务拓展与作业

中秋佳节赵先生要拜访十几年未见的恩师，恩师年事已高。请为赵先生挑选一款适合送给恩师的茶叶。

项目二　茶叶营销技巧

任务一　茶叶营销话术

任务情境

在店长几天耐心的茶叶介绍后，小苏对茶文化已经有了初步的了解，并且掌握了中国各大类茶叶的冲泡方法，但是她深知，光是会泡茶还是没办法把茶叶的特征完全体现出来，接下来小苏将在店长的带领下向客户推销店里的茶叶。那么，小苏将如何完成茶叶的推销工作呢?

任务分析

（1）了解营销话术在销售行业当中的重要性。

（2）熟悉茶叶行业常见的话术并进行模拟对话。

（3）在实训任务中逐渐培养学生与客户沟通交流的能力。

知识储备

对于做销售，80%的人有这样一种认知，销售最关键的是话术。

销售话术是销售人员与客户沟通的范式，视销售产品类别而定。销售很大程度是语言的科学，销售的核心智慧就是销售的话术。成功的导购员的语言就像一双柔软的手，能抚摸到客户心灵最柔软的地方。毋庸置疑，每一件产品的成功销售，不仅需要产品本身品质做基础，更需要能深入人心的语言艺术开疆拓土。

一、茶叶营销话术技巧

（1）注意语气。

（2）将接待人员变成朋友。

（3）避免直接回答对方的盘问。

二、茶叶营销经典内容

1. 经典开场白介绍

第一，打招呼，有笑容，目光热忱；第二，介绍自己，内容简单、清楚，自信。参考话术如下。

“您好，欢迎来到××茶馆，我是××茶馆的茶小艺，请问先生（小姐）您平时常喝茶吗?”

2. 介绍自家产品的特点

尽快了解不同类茶叶的基本知识，形成自己的话术风格，参考话术如下。

“您好，先生（小姐），我们最近有一批（铁观音或其他品类）新茶，要不要给您试一下呢?”

3. 介绍产品

把产品放到客户手中，依据茶叶品类进行介绍。下面以铁观音为例进行介绍。

（1）铁观音的特征。

外形：卷曲，肥壮，结实，沉重，匀整，梗圆，饱满光亮，整齐，色泽鲜润，红点明显，带砂绿色。

内质：具有天然的兰花香，汤色为金黄色，滋味醇厚甘鲜，回甘味强，带有特殊的“观音韵”。

（2）铁观音的保管方法。

铁观音具“三性”，即吸湿性、吸味性和陈化性。因此，茶叶储藏时应置于避光、清洁、干燥、无异味、密封好的器具里，放在冰箱里时，要与肉类食品分开存放，这样才能保证茶叶不受潮、不变味、不变质。

（3）铁观音的主要产区。

安溪县西坪、感德、剑斗等乡镇。

（4）铁观音的冲泡方法。

先行烫壶后放入约七克的茶叶于陶制瓯杯中，温润泡后，第一至四泡于10秒左右倒出，第五泡起每泡时间要延长5～15秒，可连续泡7次。

4. 成交

（假设问题，乘胜追击）

例：客户试了多款茶后，说不合口味就要走。

答：“真不好意思，没有适合您的茶叶。要不您留个电话？有新产品时我再通知您过来试一下，好吗？刚才有服务不周的地方还请多包涵，期待您的下次光临。”

也可请客户说出他喜欢哪种口味的茶叶，再请茶师调配。

任务描述

（1）学生在教师的指导下分为2人一组，1人扮演茶叶导购员，1人扮演客户。

（2）所有学生先完成实训任务书。

（3）根据实训任务书进行角色扮演，模拟茶叶销售过程中的客户异议处理。

（4）扮演客户的同学填写评价表，对导购员做出评价。

（5）组内交换角色，重新完成实训任务。

（6）随机抽选小组进行公开展示。

实训准备

每组配备手机或平板电脑一台。

任务评价

实训任务书如表5－9所示，活动过程评价如表5－10所示。

表5－9　实训任务书

以下是客户在购买茶叶过程中常见的8个异议，如果你是导购员该如何应对客户的这些异议呢？请在相应位置写出你的回答，可借助互联网搜索相关资料辅助回答。

（1）客户："茶叶是怎样分类的？可分为几种？"

导购员：____

____

____

（2）客户："你们这款茶叶太碎了，喝完了杯底还有细细的茶叶碎末。"

导购员：____

____

____

（3）客户："一般茶叶保存期为两年，如超过两年以上是否为陈年茶？"

导购员：____

____

____

（4）客户："喝了茶为何睡不着？"

导购员：____

____

____

（5）客户："如何鉴别茶叶品质的高低？"

导购员：____

____

____

续 表

（6）客户："为何在店里现场冲泡的茶很好喝，但买回去自己冲泡就没有那么好喝？"
导购员：______

（7）客人试了多款茶后，说不合口味就要走。
导购员：______

（8）客人一进店就要求泡最高档的茶。
导购员：______

表 5－10　活动过程评价

班级		评分人		日期	
序号	评价要点		分值（分）	得分（分）	存在问题
1	能够恰当回答客户的提问		30		
2	导购员始终面带微笑		20		
3	导购员举止得体		20		
4	正确引导客户成交		20		
5	导购员耐心服务		10		
合计			100		
评价等级（合计分数 85 分以上为 A，70～85 分为 B，60～69 分为 C，60 分以下为 D） 评价人需提出改进意见					

任务拓展与作业

关于暗示客户成交的语言除了课堂上列出的例子，还有哪些呢？请写出至少 5 句能在销售环节暗示客户成交的话术，可以借助互联网进行资料收集。

（1）______
（2）______
（3）______
（4）______
（5）______

任务二　茶叶营销策略

任务情境

在熟悉了茶叶营销的基本话术之后，茶叶导购员在做茶品介绍的时候应该知道灵活应对每位客户的需求变化、顾虑和对产品的心理变化，在销售茶叶的过程当中如何才能打消客户的疑虑和快速达成交易呢？这就需要掌握好茶叶销售的基本策略。

任务分析

（1）抓住茶叶的卖点对客户进行茶叶销售。

（2）了解茶叶线下推销和线上推广的方法。

（3）在实训任务中逐渐培养解决问题的能力。

知识储备

茶作为饮品在中国盛行，它在我国已经有很长的历史，唐代陆羽《茶经》有云："茶之为饮，发乎神农氏。"

伴随着饮茶的流行，中国茶叶供应商也不断增多，市场竞争激烈。如何在激烈的市场竞争中推销茶叶？不管是投资茶叶还是在茶叶店工作，茶叶销售业绩都是重要的考核标准。有的员工总是格外优秀，能够创下销售佳绩，给茶叶店带来巨大的利润。那么，茶叶销售有什么技巧呢？

一、茶叶线下推销

1. 诚信为本

不管是老板还是员工，都要记得以诚信为本。反复练习、学习可以提高销售话术、增长茶叶知识，但是诚信就要看自己了。没有诚信的生意只能做一单，有诚信的生意才是源远流长的，所以在销售茶叶之前就需要做好这方面的心理准备。

2. 服务态度要好

有人说："推销茶叶做的就是服务工作。"所以，最大的技巧就是服务态度良好。至真至诚的服务态度才能带来更多的回头客，这是巩固老客户的基础。

3. 了解客户需求

有些导购员会说："明明自己的态度也很好，服务很到位，但是就是销售不出去。"那是因为没有了解客户的需求。如果一名导购员只是滔滔不绝地向客户介绍产品的质量、特性等，却没有了解客户的需求，这无疑是失败的推销。了解客户的需求，从需要的角度去介绍产品，会大大提高成交量。

4. 学会倾听，创造二次见面机会

每位进店客户的需求不同，想要了解客户最本质的需求就要先倾听。这个时候就不要去打断客户了，毕竟导购员的介绍并不一定是他们所需要的，所以，听清楚之后再介绍也不迟。导购员一定要记住，学会倾听很重要。

5. 研究茶具

很多茶客对茶器也很重视，如使用什么样的茶具泡什么样的茶。所以导购员应多了解茶具相关知识，给客户提供专业的泡茶建议，客户会觉得导购员专业，值得信任，在门店下单的概率就大了。

6. 储备丰富的茶叶知识

别以为导购员只要会销售话术就可以了，在茶叶店工作不一样。中国茶叶虽然只有六大类，但是有上千个品种，客户又众口难调。所以一般来说，茶叶店的茶叶品种越全越好。这就需要导购员有丰富的茶叶知识，这样才能给客户介绍适合的产品，避免给人不专业的感觉，从而影响销售。

那么，怎么推销茶叶才能达到理想的效果呢？

茶叶个人消费主要有以下三种。

第一种是买茶送礼，客户要求产品档次高，包装好。

第二种是家里准备给客人饮用的茶叶，客户一般会选择中上等茶叶。

第三种是真正爱喝茶的朋友，这类客户不管春夏秋冬每天都是无茶不欢。

要卖茶给这些客户，要让他们知道有一家店在卖茶，这就需要对茶叶店进行推广宣传了。

二、茶叶线上推广

随着互联网的不断发展，上网了解资讯和购买产品成为人们日常生活的重要组成部分，现阶段茶叶线上推广方法如下。

1. 选择互联网宣传渠道

可以在本地的论坛、贴吧、博客、微信公众号、头条号等互联网平台，做规模化的软文推广。

2. 执行互联网宣传推广方案

最好按照逻辑规律整理好要发的素材，把未来半个月要发的文章整理好，每天到上述平台更新内容，回复读者评论，这样久而久之人气上来之后，消费群体也就初步建立了起来。

3. 写好软文

软文可以从个人的饮茶感受、与茶有关的所见所闻、个人创业经历、奋斗经历等切入。注意，发表软文后还要多和读者互动，跟茶友们交流。

喝茶是中国传统文化，可以收集这方面的小故事，如历史典故、传说、茶叶与美食故事等，然后一一向大家讲述，同时更要用文化包装产品，还要配图片，做到图文并茂。

4. 增进“粉丝”互动

做独立小包装茶叶，作为赠品拉人气。赠品的包装要漂亮，附带微型小贺卡（礼品市场有售），赠送时可做活动，也可以将其送给活跃“粉丝”。

任务描述

（1）学生在教师的指导下分为4人一组，其中2人为一起购买茶叶的客户，1人为茶叶导购员，1人是观察员；通过抽签的形式决定每组进行介绍和冲泡的茶叶品种。

（2）完成一次茶叶销售模拟训练，包括从客户进店到送客出店的全部过程。

（3）观察员仔细观察茶叶导购员的表现，完成实训任务书的填写。

（4）观察员根据评价要点给出评分。

（5）组内交换角色进行茶叶销售模拟训练。

实训准备

（1）每组配备手机或平板电脑一台。

（2）每组准备茶叶若干，茶具一套。

任务评价

实训任务书如表5－11所示，活动过程评价如表5－12所示。

表5－11　　实训任务书

（1）客户扮演者的姓名是什么？ ______________________________
（2）该客户的需求是什么？ ______________________________ ______________________________
（3）导购员向客户推荐了哪类茶叶？你认为介绍的茶叶特征是否恰当？ ______________________________ ______________________________
（4）客户对导购员推荐的产品有何反馈？ ______________________________ ______________________________
（5）导购员对于客户提出的问题是如何处理的，你认为是否恰当？ ______________________________ ______________________________

表 5-12　　　　活动过程评价

<table>
<tr><td>班级</td><td colspan="2"></td><td>观察员</td><td></td><td>导购员</td><td></td></tr>
<tr><td>序号</td><td>评价要点</td><td>分值（分）</td><td>得分（分）</td><td colspan="3">存在问题</td></tr>
<tr><td>1</td><td>亲切迎宾</td><td>10</td><td></td><td colspan="3"></td></tr>
<tr><td>2</td><td>探寻客户需求</td><td>20</td><td></td><td colspan="3"></td></tr>
<tr><td>3</td><td>介绍茶叶</td><td>20</td><td></td><td colspan="3"></td></tr>
<tr><td>4</td><td>泡茶服务</td><td>10</td><td></td><td colspan="3"></td></tr>
<tr><td>5</td><td>促成交易</td><td>10</td><td></td><td colspan="3"></td></tr>
<tr><td>6</td><td>收银服务</td><td>10</td><td></td><td colspan="3"></td></tr>
<tr><td>7</td><td>送客服务</td><td>10</td><td></td><td colspan="3"></td></tr>
<tr><td>8</td><td>全程面带微笑，举止得体</td><td>10</td><td></td><td colspan="3"></td></tr>
<tr><td colspan="2">合计</td><td>100</td><td></td><td colspan="3"></td></tr>
<tr><td colspan="3">评价等级（合计分数 85 分以上为 A，70～85 分为 B，60～69 分为 C，60 分以下为 D）
评价人需提出改进意见</td><td colspan="4"></td></tr>
</table>

任务拓展与作业

利用周末或假期寻找茶艺馆进行实习体验，将所学的知识和技能运用到实践，上传兼职期间的工作照片，并上交一篇 300 字以上的实践心得。

项目三　茶叶营销综合训练

任务情境

某市一家著名的茶艺馆由于地处风景秀丽的旅游区，再加上富有浓厚中国古典文化韵味的装潢布置以及管理有方，生意十分兴隆，前来品茶、购买茶叶的客户络绎不绝。一位客户说："品茶是茶艺的重要环节，通过品茶来感受茶的真香本味，判断茶的品质高低。不常喝茶的人，难以分辨出茶的优劣，你能给我们介绍一下吗？"小杨生动形象地开始了她的讲述。

任务分析

（1）进行茶艺服务礼仪训练。

（2）进行茶叶销售模拟训练。

任务描述

一、仪态练习

（1）站姿练习。

双腿合拢直立，收腹挺胸，双臂自然下垂，双手自然交叉相握摆放于腹前，微收下颌，进行练习。

（2）坐姿练习。

双腿并拢，自然而挺直地坐在椅面的前1/3，双肩自然下垂，手放在茶巾上，面带微笑，进行练习。

（3）茶艺服务基本用语练习。

（4）2人一组进行迎宾问候与行走引路指引相结合的练习。

二、茶艺服务练习

（1）进行茶具的摆放练习。

（2）按"泡茶前的准备→接待客人→泡茶演示→泡茶后的服务"这一流程进行

练习。

三、茶艺服务解说练习

要求：动作娴熟，行茶节奏与解说相配合，表达清晰流畅。

任务评价

依据小组演练的情况，实行小组内成员互评、小组间互评和教师评价，填写表5－13。

表5－13　“茶艺服务”评价

测试内容	评分标准	应得（分）	实得（分）
1. 备具	器具齐全，整体美观，便于操作	10	
2. 介绍茶具	手势正确，动作优雅，普通话标准，亲切	10	
3. 温杯	手法正确，动作娴熟	10	
4. 赏茶	姿态规范优美，有眼神交流	10	
5. 置茶	用手腕力量分三次投入且不外撒，投茶量适当	10	
6. 冲泡	动作优美流畅，水流均匀不断、不外溢	10	
7. 奉茶	茶礼规范，充分表达敬意	10	
8. 品茗	动作流畅，大方得体，具专业的品鉴力	10	
9. 茶汤质量	温度适宜，汤色均亮，滋味鲜爽，叶底均整	10	
10. 整体印象	仪态自然亲和，选择正确的投茶法（上、中、下投法）	10	
合计		100